いつまでも
アメリカが守って
くれると思うなよ

久

GS
幻冬舎新書
310

はじめに

もしも日本に外国からの軍事攻撃がかけられたら、どうなるか。

まずはアメリカ軍の強大な軍事力に頼ればよい、というのが最も一般的な答えだろう。だがもしも米軍が日本を支援しない場合は、どうするのか。

これまでなら劇画の世界か空想の世界の想定にすぎなかった「日本への軍事攻撃」などというシナリオが現実味をおびてきた。

沖縄県の尖閣諸島への中国の攻勢をみれば、かなりの程度は納得できるだろう。北朝鮮の日本へのミサイル攻撃の恫喝も単に「演出」だけとして無視することはできない。

しかしこうした軍事がらみの情勢の緊迫とともに、アメリカがもしかすると日本を守ってはくれないかもしれないという可能性がちらほらとうかがえるようになった。日本にとっては国運を左右する重大な変調の風が吹き始めたのだ。

アメリカ・ウォッチや日米同盟ウォッチを長年、続けてきた私としては、「いつまでもアメリカが日本を守ってくれると思うな」と、まともに日本側に向かって警告したくなるような気配が増してきたのである。

そうした変化の兆しの根源はアメリカのオバマ政権のあり方である。アメリカがバラク・オバマ大統領のリーダーシップの下、内政でも外交でも世界戦略でも、年来のアメリカの基本から離れていくようなのだ。その基本には堅固な軍事力に基づく日米同盟の確実な保持という政策も当然、含まれてきた。

日米同盟の確実な保持とは、日本が他国から攻撃されるという万が一の有事には、アメリカが絶対に軍事力で日本の防衛にあたるという誓約の堅持である。

その誓約を有事には実際に履行することを証する意思と能力の日ごろの明示が基礎となる。アメリカのそのような有事の際の日本防衛の構えが日本へ攻撃を加えようとする側の意図を事前に崩してしまう。つまり同盟による抑止の効果である。このメカニズムこそが日本の安全保障の中核であり、基本だった。

だがオバマ政権はいまやその基本の構図を揺らがせているのだ。

もっとも日本にとって他国からの軍事攻撃を絶対確実に防ぐ方法は他にもある。戦争を防ぐ方法、平和を保つ方法ともいえよう。

どの国も軍事攻撃自体を目的として戦いを挑むことはない。その前段に軍事力を使ってまで取得したい目標が必ずある。その目標は領土という場合がある。資源ということもある。その他の経済利権を奪いたいという例もあろう。

中国ならば尖閣に加えて東シナ海の海底ガス田資源だろう。韓国は日本の竹島をなんとしても奪取したいと考え、実際に軍事力を使って一方的に奪った状態にある。日本が事実上、竹島を放棄したからこそ、軍事衝突は起きていないのだ。

だから日本がもしいかなる場合でも軍事力の衝突は避けたい、戦争は避けたいというならば、他国との紛争や衝突の原因となる対象をはやばやと放棄し、相手国に進呈してしまえばよいのだ。領土でも資源でも経済利権でも、とにかく求められたら渡してしまえば、平和は守られ、戦争は避けられる。

尖閣諸島も中国に譲ってしまう。中国はその後は必ず沖縄の領有権を主張してくるだろうから、軍事衝突を避けるためには、日本側はさらに沖縄をも中国に献上してしまえばよい。

これぞ軍事攻撃を絶対に避ける方法である。

しかしそんな屈服や譲歩を平然とする国家はもう主権国家ではない。独立国家でもない。

他国の脅しや求めにはすべて屈するとなると、国家の名にさえ値しないことになる。

となると、日本も独立した主権国家である要件を保つためには、どこかで、なんらかの方法で、他国の高圧的な要求をも跳ね返す能力や意思を持たなければならない。少なくともそうした姿勢をとろうとすることが国家が国家たる最低の要件だといえるだろう。戦後の日本はその要件のほとんどの部分はアメリカとの同盟のきずな、つまりアメリカの軍事力、抑止力に依存することによって保ってきたのだ。

日本がそのアメリカの助けにもしかすると、もう依存できないとなれば、日本の国のあり方が根底から再考されることになる。そんな再考を迫る不吉な風がアメリカからいまや吹き始めたのだ。

日本はそもそも戦争をしてはならない国だとされてきた。自衛隊は存在しても戦闘はしてはならないともされる。日本はたとえ攻撃を受けても、「純粋な自衛のため」とか「敵国の攻撃が継続的で組織的」などという条件をクリアしなければ、外国の軍隊とは戦えないことになっている。

なにしろ「軍事」という機能は日本国にはあってはならないのである。世界でも異様な、この制約はそもそもわが憲法のためである。戦後の日本はそういう国家なのだ。決して戦うことのない、戦うことのできない「平和国家」なのである。日本国民の多数派も戦後の長い年月にわたり、そういう特殊の道を選び、支持してきた。

その特殊性によって生まれる国家安全保障の大きな空洞をアメリカの軍事パワーで埋めてきたのだ。

東西冷戦の長い期間、日本はソ連の軍事脅威にさらされてきた。ソ連共産党は全世界を共産主義化することこそ全人類の最高の幸福状態だとして、諸国の共産化を軍事手段の行使をも含めて、実際に試みた。日本を自国の管理下におき、共産政権を誕生させようという意図も明白だった。

だがソ連は現実には日本への軍事の攻撃はかけなかった。軍事的な威嚇も一定範囲を超えては決してかけてこなかった。日本がアメリカの同盟国であり、アメリカの強大な軍事力の庇護の下にあったからだろう。日米同盟による軍事抑止がうまく機能したのだともいえる。

だから戦後の日本は自国の安全をアメリカによって守られてきたわけだ。より具体的に述べるならば、日本の平和は米軍の抑止力によって保たれてきた。

こう述べると、日本側の一部からは「日本の平和を守ってきたのは日本国憲法だ」という類の反論もあるだろう。

だが東西冷戦のソ連、そして近年の中国や北朝鮮が日本の憲法9条を理由にその好戦的、挑発的な軍事攻勢や軍事威嚇を止めたという証拠はツユほどもない。


すでに触れたように、2013年の日本は安全保障上の新たな危機に明らかに直面している。日本国への深刻な軍事脅威が迫ってきたといえる。

尖閣諸島には中国が軍事圧力をかける。連日のように日本の領海に種々の中国艦艇が侵入してくる。北朝鮮は日本国民を拉致したまま、日本へのミサイル攻撃の意図をあらわにする。韓国でさえ竹島を軍事的に不当占拠してしまった。北方領土を不当占拠したままのロシアも強大な軍事力を常にちらつかせる。

こうした危機も脅威も従来は米軍のいざという際の守りがあることで日本にとっての破壊的な状況を生まないできた。

だがいまやその米軍の守りが必ずしも実行されるのかどうか、わからなくなってきたのである。

なぜそんな危険な状況が新たに生まれたのか。

なにがその原因なのか。

このへんが本書の主題である。その主題を説くために、いまアメリカで起きている重大な変化、アメリカ国内が二つに分裂しつつある異様な現状をも報告している。

超大国のアメリカの内部が変わることで、その世界戦略、対外政策も大きく変わる。アメリカの変化は世界の変動につながる。そんな歴史的な変容がいまや進んでいるのだ。本書はそのアメリカ自体の変化や世界各地でその結果、すでに起きた変化にも光を当てた。

オバマ大統領の政策の変革により、いまやアメリカも、世界も、歴史的な曲がり角を迎えているのだ。その結果が日本に及ぼす影響こそがこれまで説明した日米同盟への変化なのである。

だから本書には決して誇張ではなく、日本の国家安全保障に迫りつつある危機への対処について日本の興亡にかかわる警告の意図がこもっている。

なお本書の執筆では幻冬舎の大島加奈子氏から貴重な助言を受けた。謝意を述べたい。

２０１３年７月　古森義久

いつまでもアメリカが守ってくれると思うなよ／目次

第二章 軍事力軽視 53

第一章　リーダーシップは嫌い

オバマ政権下で起きている信じられない事態

アメリカがアメリカではなくなる。

アメリカがなくなる？

まさか、そんなとんでもないことが起きるはずがない。

しかしアメリカが本来のアメリカ合衆国という国家としての特徴を失ってしまうとなれば、アメリカが消えていくと評しても、それほど的外れではないだろう。これからのアメリカが従来のアメリカらしさをすっかり失ってしまう。そんな方向への現象が起きているのだ。

アメリカ合衆国ではいまや第44代大統領バラク・フセイン・オバマ氏の政権下で、そのような大変革の潮流がひたひたと動き始めたのである。信じられないほどの事態なのだ。

私はワシントン駐在のジャーナリストとしてオバマ大統領の動向を２００８年の選挙キャンペーンから追ってきた。アメリカの歴史でも初めての黒人の大統領候補だったとはいえ、当時の彼はアメリカのアメリカらしさをうたいあげる毅然とした政治リーダーにみえた。

「白人のアメリカも、黒人のアメリカもありません！　あるのはひとつのアメリカ合衆国だけです！」

「希望と変革、そしてアメリカは平和の新時代に世界を主導していきます」

さわやかに語るオバマ氏は白馬にまたがった凛々しい騎士のようにもみえた。

2009年1月20日のワシントンでの大統領就任式も、私は早朝から氷点下の厳寒のなかで、オバマ氏の就任の宣誓やホワイトハウスまでの行進をじっと眺めていた。80万とも180万ともされた大観衆の熱気はこの黒人大統領がアメリカに新たな活力をもたらし、世界的にも力強いリーダーシップを発揮していくかにみえた。

しかしそれから4年余り、オバマ大統領はその間、アメリカのアメリカらしさを変質させ、減らしてしまうような政策をつぎつぎと広げていった。2012年11月にはみごとに再選を果たし、翌13年1月からは二期目をスタートさせた。だがアメリカの軌跡は未踏の荒海へと乗り出すかのような変則のカーブを内外でさらに広げていった。

その変化の勢いや深さ、広さは冒頭で述べたように、アメリカがアメリカでなくなってしまうかのようなのである。この変化はアメリカ考察を長年、続けてきた私にはショッキングだった。これまでのアメリカの国のあり方をよく知れば知るほど、オバマ大統領の進める変革は劇的、革命的であることを痛感させられる、というふうなのだ。

アメリカがアメリカでなくなる

私がワシントンに日本の新聞の常駐特派員として駐在を始めたのは、もう37年も前の1976年秋だった。当初は毎日新聞の特派員だった。その年の11月の大統領選挙では共和党のジェラルド・フォード大統領に対し民主党のジミー・カーター氏が挑戦し、勝利を飾った。

カーター大統領は1980年11月の選挙で共和党のロナルド・レーガン氏に敗れた。以来、レーガン大統領、同じ共和党のジョージ・H・ブッシュ大統領と続き、92年の選挙では民主党のビル・クリントン氏が勝利をおさめた。その後、2000年の選挙では共和党ジョージ・W・ブッシュ氏が勝ち、二期8年間、ホワイトハウスの主となった。その後の2008年の選挙でバラク・オバマ氏が共和党のジョン・マケイン氏を制して、勝利を飾ったのである。

私はその長い年月、東京で4年、ロンドンと北京でそれぞれ2年を過ごしたが、残りの期間30年ほどはすべてワシントンにいて、アメリカ・ウォッチを続けてきた。日本人の新聞記者でもおそらくアメリカでの記者活動が最も長い部類に入るだろう。この間、1987年には毎日新聞から産経新聞に移り、ワシントンには89年から再度、駐在することになった。

ワシントンでの通算30年近くのそんな長い体験のなかでも、いまのオバマ大統領のもたらすアメリカへの変化の深さや大きさは他に類例がないと感じるのだ。文字どおり、何度も同じことを書くが、アメリカがアメリカでなくなってしまう、という実感なのである。

こうした激変はやがては世界全体の構造を変えることになる。もちろんわが日本にも巨大な波をぶつけてくる。日本の安全保障の根幹の日米同盟にも複雑な形の激震が襲いかかってくることとなる。場合によっては日米同盟が骨抜きになっていく可能性さえあるのだ。だからこそいまのアメリカの変化をじっくりとみすえて、全体像を認識し、その意味を日本の国のあり方にも反映していくことが欠かせなくなる。

世界一強くリーダーシップを発揮してきた

さて、ここで述べる「アメリカ」とは、私たち日本人がこれまでの長い年月、ふつうにみてきた超大国のアメリカ合衆国のことである。

ではこれまでのアメリカとはなんだろう。

まず世界第一の強い国である。そのパワーに基づき、国際社会をよきにつけ、悪しきにつけ、ぐいぐいと引っ張って主導する超大国である。

アメリカはその強さとリーダーシップによってソビエト連邦との東西冷戦に勝利を飾った。ソ連を独裁支配した共産党が1991年12月に完全に崩壊するまでのイデオロギーや軍事のせめぎあいで、日本を含めての西側の盟主はまちがいなくアメリカだった。アメリカが強さとリーダーシップを発揮したからこそ、西側陣営は冷戦に勝った、というのは決して過言ではないだろう。

パックス・アメリカーナという言葉がある。本来はラテン語だが、もう英語として使われる「アメリカの平和」、つまりは「アメリカの力による平和」という意味の用語である。

東西冷戦の期間も自由民主主義を守ろうとする西側陣営にとってはアメリカの強大な軍事力がソ連の共産主義の拡張への防波堤だった。ソ連が崩壊した後もアメリカは世界で唯一の超大国とされ、その軍事力の強大さが国際秩序や安全保障を保つ機能を発揮した。こうした状況がパックス・アメリカーナだったのだ。

リーダーシップという点でもアメリカは全世界に向かって自国の信じる価値観を広める

という姿勢が特徴だった。民主主義を広める。個人の自由や人権を守る政治体制を広める。その広め方はときには独善、横暴、専横にさえなった。アメリカの価値観に同意しない側にとっては憎むべき敵となった。だがその一方、世界の多数の国家や政治勢力、民族がそのアメリカの価値観のリーダーシップ発揮と、そのための実際の戦いに大きな期待を寄せ、頼りにしてきた。大きな利益さえ得てきた。

ウィルソン主義を根底から否定

アメリカのこうした対外的なリーダーシップ発揮の歴史は長い。1913年（大正2年）に第28代の大統領に就任した民主党のウッドロー・ウィルソン氏がアメリカの価値観を全世界に向かって広げていく外交活動の政策的、理念的な創始者とされる。民主主義の拡散を近代国家の外交政策としてまとめあげ、しかも実践したのだ。国際連盟の創設をも進め、ノーベル平和賞を受け、名大統領とされた。その政策は「ウィルソン主義」とも呼ばれ、アメリカの対外政策の歴史に特記された。

それからちょうど100年、二期目の政権をスタートさせたオバマ大統領はまさにこの「ウィルソン主義」を根底から否定するような姿勢をみせ始めたのである。

オバマ大統領のこの態度は近年のアメリカの歴代政権からみても異色である。私がワシントンで至近にみてきたフォード、カーター、レーガン、先代ブッシュ、クリントン、ブッシュという6人の大統領を眺めても、民主主義を対外的に広めるという基本姿勢は明白だった。その実践には強い軍事力を持つことも欠かせないという思考は当然とされていた。この6人のなかでは最も対外的な姿勢が弱かったとされるカーター大統領でさえ、人権外交を強く唱え、諸外国の独裁抑圧の政権には遠慮せずに批判を述べていた。

ところがオバマ大統領はこのへんの基本姿勢が異なるのである。国際情勢が変わって、アメリカの力が弱くなり、軍事力もリーダーシップも自然と衰えてきたというのなら、それなりに理解のできる現象だといえる。しかしオバマ大統領の場合、自分自身の信念や思想としてアメリカの明確なリーダーシップや強大な軍事力に難色をみせるのである。政策として故意にアメリカの伝統から離反しようとするかにみえるのだ。

リビアに対する逃げの外交

最新の代表的な実例をあげよう。

いわゆる「アラブの春」へのオバマ政権の対応である。「アラブの春」というのは20

10年の暮れからアラブ世界で起きた既存の独裁政権への反抗運動の広がりのことだ。そもそもは民主化を目指す動きとみられた。だからソ連支配の共産主義独裁を倒し、民主主義的な政権を樹立させた「プラハの春」になぞらえて「アラブの春」と呼ばれたのだ。

だが実際には必ずしもそうはならなかった。独裁政権は倒れても、民主主義は実現しなかったのだ。エジプトでは親米の独裁政権が倒れた後、イスラム原理主義に傾いた政治勢力が権力を握るという結果が起きた。そのエジプトのムハメド・ムルシ大統領は2013年7月、軍部によってその座を追われ、民主主義的な選挙の結果さえも一気に崩れてしまった。チュニジアでも独裁政権の崩壊後には物騒な政治混乱が続いている。「アラブの春」は必ずしも民主化を招きはしていない。春ではなく、晩秋や冬かもしれないということだ。「いわゆる」とつけたのは、その意味からである。

このアラブ世界、つまり中東でアメリカはいまや年来のパワーを急速になくし始めた。アメリカがアメリカとは思えないほど、その影響力を後退させ、衰退させているのだ。しかもその衰退はオバマ大統領の思考に沿った流れのようなのである。

オバマ政権のアラブ世界へのいかにもオバマふうの対応はリビアでの騒乱でまず示された。

リビアは1969年以来、ムアンマル・カダフィという独裁者に支配されてきた。青年将校として王制を倒した彼は軍事革命政権を築き、君臨した。カダフィ大佐という称号だったが、事実上は国家最高指導者として40年以上も政権を独占した。国内の反対勢力は徹底して弾圧し、対外的には反米主義を打ち出した。国際テロ勢力をも公然と支持した。だからカダフィ大佐は中東の「暴れ者」とされた。

リビアでは2011年2月、そのカダフィ大佐への反乱が起きた。武装決起だった。その直前に隣国のチュニジアで起きた「ジャスミン革命」と呼ばれた民主化の動きに触発された面もあった。「アラブの春」の実例にみえた。

リビアの反カダフィ闘争は明らかに民主化の色彩は濃かった。だがカダフィ政権はその動きを血も涙もない武力弾圧で抑えようとした。反政府側に多数の死傷者が出始めた。その事態に対し、フランス、イギリス、イタリアなどという西欧諸国が同情を示した。みな民主主義の国家であり、北大西洋条約機構（NATO）のメンバーである。

しかし超大国であり、民主主義の旗手のはずのアメリカは動こうとしなかった。一方、フランスやイギリスは実際に戦闘機や爆撃機を出動させ、リビアの政府軍に攻撃を加え、反政府の民主派勢力を支援した。それでもオバマ政権は軍事介入には難色を示した。民主派支援の介入の先頭に立ったのはフランスやイギリスというヨーロッパ諸国だった。アメリカも後からこの「空からの支援」の一端に加わったが、あくまでヨーロッパ勢の後ろについて、おずおずと、という姿勢だった。

「背後から導く」――消極的外交政策

オバマ政権のこの消極性に対してはアメリカ国内でも非難が起きた。「反米独裁政権への民主主義勢力の抵抗を黙ってみすごすのはアメリカの伝統や国益に反する」という非難だった。「アメリカの超大国としてのリーダーシップはどこへいったのか」という批判も広がった。

このときにオバマ大統領側近の高官が述べたのが、後に有名になる「背後から導く」という言明だった。オバマ氏自身の考え方の説明としての表現だった。アメリカはリビアでの民主化闘争では導く（リードする）ことはするにはするが、あくまで背後からだというのだ。だがふつうに考えれば、「リード」とは先頭に立つことだろう。

「背後から導く」というのでは「雨の降る晴天」とでもいうような、矛盾となってしまう。

その後、この「背後から導く」という表現はオバマ大統領の外交政策での消極性を皮肉をこめて特徴づけるスローガンになってしまった。

オバマ大統領のこのリーダーシップ欠落の特徴は、ことに相手がカダフィ大佐だったために目立つようになった。カダフィ大佐は長年の反米活動のなかで1980年代にはベルリンで米軍兵士を殺すテロや、イギリスでアメリカの旅客機を爆破するテロを引き起こした。

そのため1986年4月、アメリカの時のレーガン大統領はまずベルリンでのテロへの報復としてリビアの首都近郊のカダフィ大佐の宿舎テントに空爆を加えた。大佐は命は無事だったが、その後、アメリカに対する態度を一時期、一変させた。温和となったのだ。アメリカの対外姿勢の乱暴なほどの積極果敢さだったが、所定の効果をあげたのだった。オバマ大統領の2011年の姿勢はまさに対照的となったわけである。

ただしカダフィ政権も大佐自身も、西欧諸国の空からの軍事支援を得たリビア反政府勢力により打倒されてしまった。反政府勢力が武装決起してから8カ月ほど後だった。だがこの民主化の劇的なプロセスで超大国のアメリカが先頭に立つことはついになかったのである。

シリアにも介入しないオバマ政権

オバマ大統領の対外リーダーシップの欠落は「アラブの春」への対応で、シリア内戦の際にさらに大きな注意を集めた。ここでも「背後から導く」姿勢がけっきょくなんの行動もとらない結果となったのだ。

トルコとイラクにはさまれた中東の要衝に位置するシリアでも「アラブの春」現象が起きて、バッシャール・アサド大統領の独裁統治への反乱が起きた。2011年3月の一連の反政府のデモや集会が政府側の容赦のない弾圧でエスカレートして、本格的な内戦となった。

現在のアサド大統領は父親の独裁統治を継承し、2000年にそれまで従事していた眼科医の職を放棄して政権に就いた。その統治は「アラブ社会主義」を掲げながらも個人崇拝に近い独裁を固め、対外的にもイランや北朝鮮という無法国家との関係を強めた。北朝鮮から核兵器開発の技術を得て、その施設の建設を秘密裏に始め、イスラエルの奇襲攻撃で破壊されるという事件も起こした。

アメリカにとってこのシリアは「テロ支援国家」であり、その内戦で民主化勢力を支援することには十二分の大義名分があるといえた。しかもこの内戦自体がきわめて血なまぐさく、規模が大きいのだ。２０１３年6月の時点では全世界の武力闘争のなかでも、このシリア内戦が最も苛烈で残酷だといえよう。なにしろ2年間の闘争でシリア人の死者が7万以上、国外に逃げた難民が１００万を超えるというのだ。リビアでの軍事闘争が２０１1年2月に始まり、同年10月にはカダフィ大佐の戦死で幕を閉じたのとくらべ、もうその2倍以上の年月も続いているのである。

国際社会にとって人道主義の観点のみからでも介入の理由は十分にあるだろう。超大国のアメリカにとっても、民主主義を叫ぶ反アサド勢力を直接、間接に軍事支援する正当性もあるだろう。実際にアメリカ国内ではその種の介入を求める声も多かった。

しかしオバマ大統領はここでも「背後から導く」という姿勢に徹した。なんの介入の行動もとらないのだった。フランスやイギリスもリビアでは効果的な軍事支援を実行したが、政府軍の力が強いシリアでは簡単にはいかない。圧倒的に強い米空軍しか実効のある支援ができないというのがコンセンサスに近い。周辺のトルコ、サウジアラビア、ヨルダンなどもそうした期待をアメリカに向ける。だがオバマ政権は「背後」からさえも動こうとはしなかったのだ。

しかもアメリカに求められた軍事支援はイラクのように、米軍将兵を地上戦闘へと送りこむことではなかった。シリアの国内の一部を「飛行禁止区域」にすることだけでも十分だとされた。シリアの内戦では政府軍の空軍力が反政府軍を痛めつけてきた。外部から反政府軍を支援する対策として戦闘地域での戦闘機やヘリコプターなど軍事航空機の飛行を一切、禁止する措置が「飛行禁止区域の設定」である。

一定区域での航空機のすべての飛行を禁じ、もし飛行があった場合、アメリカの空軍機やミサイルで撃墜するという宣言をするのだ。そうすればシリア政府は空爆ができなくなる。ただしこの対策を有効にするには、その地域を飛んだ軍用機を実際に撃ち落とす能力が必要になる。この能力こそがアメリカにはあっても、ヨーロッパの諸国には不足がちなのである。だがオバマ政権はこの「飛行禁止」の措置をも拒んだのだった。シリア内戦での反政府側の死傷者の数は急増していった。

民主党系政治評論家さえも批判

さすがにアメリカ国内では従来、オバマ大統領を支持してきた民主党系の政治評論家からも批判が出るようになった。

著名な政治コラムニストのリチャード・コーエン氏が2012年9月、「オバマの『背後から導く』ことの代価」と題する論文をワシントン・ポストなどに発表した。コーエン氏は長年、民主党支持のリベラル系評論家として知られてきた。

彼の論文の主要点は次のようだった。

「いまのアメリカの『背後から導ける』という概念は哀れである。オバマ政権は単なる消極性を一種の外交政策であるかのように誤解しているのだ。シリアの内戦への対策はアメリカのリーダーシップなしにはなにもとれない。他の諸国にはシリア内戦に干渉して、流れを変えるための軍事的な能力や経験が不足なのだ。そうした能力は超大国のアメリカしか有していない。オバマ大統領の『背後から導く』という姿勢はアメリカの外交政策としては失敗なのである」

本来、オバマ氏支持の著名コラムニストさえ、「背後から導く」という表現に象徴されるオバマ大統領のリーダーシップ嫌いは有害だと批判するのだった。2013年6月、オバマ政権はシリアのアサド政権が化学兵器を使ったとして軍事介入を示唆したが、なお実際の行動はとらなかった。

オバマ大統領の「アラブの春」へのアメリカらしくない対応は、エジプトに対してもあらわだった。超大国としての対外的な強さも、リーダーシップも、発揮したがらないという対応だった。エジプトの長年の親米友好政権を救おうとせず、その死を座視したのだった。エジプトでは「アラブの春」はけっきょくはイスラム革命のような形をとった。

エジプトは大統領ポストを30年も独占したホスニー・ムバラク氏の支配下にあった。ムバラク大統領は独裁ながらイスラムの宗教色を政治にあまり反映させず、歴代のアメリカ政権には友好な姿勢をとった。だからアメリカにとっては中東の激動ではエジプトはいつも頼りになる味方だった。過激なイスラム運動への防波堤だった。アメリカの歴代政権はその分、ムバラク政権への経済、軍事の援助を惜しまなかった。

ところがそのエジプトで2011年1月、ムバラク政権への反対の炎が勢いよく燃えあがった。「アラブの春」の一端であり、当初は民主化への動きと思われた。

アラブの春は冬景色に

オバマ政権はこのエジプトでの激変では長年の友好相手のムバラク政権をとくに支援はせず、政府、反政府両方に自制を訴えるという姿勢をみせた。だがやがて反政府勢力が規模を巨大にすると、ムバラク退陣を呼びかける方向へと転じた。そこには長年のパートナーとのきずなを重くみて、苦境を救うという姿勢はまったくみられなかった。ムバラク政権が崩れるのをオバマ政権は「民主化」のスローガンの下にただ静観するだけだった。

ところがムバラク政権崩壊の後、2012年の5月から6月にかけての新たな大統領選挙で勝者となったのはイスラム原理主義組織「ムスリム同胞団」に推されたムハメド・ムルシ氏だった。ムルシ新大統領は民主化に逆行するようなイスラムの教えを政治に取り入れる姿勢をあらわにした。アメリカにとっては民主化とは反対の悪夢のような帰結となった。そのムルシ大統領が2013年7月には軍部のクーデターにより追放されたことはさらに皮肉だった。かりにも民主的な選挙で選ばれたはずの大統領が軍部の強圧という、まったくの非民主主義的な手段で倒されたのである。

オバマ大統領はエジプトに対しても、超大国としての強さもリーダーシップも、あえて発揮しないという態度だった。その結果、エジプトはアメリカ離れを起こしていく。そして「アラブの春」は民主主義への春の花を咲かせず、逆にイスラムの戒律の強い冬の景色をみせるようになるのだった。いま中東に広がるのは「アラブの冬」だともいえるのである。

アメリカの中東でのパワーの衰えをさらにドラマチックに印象づけたのはベンガジでの血なまぐさいテロ事件だった。

ベンガジはリビア東北部の地中海に面した風光明媚の都市である。人口約70万、リビアでは第二の規模の都市で、古い歴史を持つ。前述のリビアでのカダフィ政権への反乱では反政府側の拠点ともなった。

2012年9月11日の夜、このベンガジにあるアメリカ領事館に武装グループが襲いかかった。

9月11日といえば、2001年に起きたアメリカ中枢への同時多発テロの日である。イスラム原理主義超過激派のアルカーイダが実行したこの大量殺戮はアラブ世界ではなお歓迎する向きも絶えない。アラブでも穏健派、そして多数派はこの暴力行為を非難したが、その一方でテロ実行犯をイスラムの大義への殉教者とみる勢力も存在するのだ。いずれにしてもベンガジのアメリカ領事館の周辺にはかなりの規模の群集が集まった。そして夜がふけるとともに、領事館への軍事攻撃が始まったのだ。

ライフルや機関銃で完全武装した百数十人のテロ部隊が領事館に突入した。阻止しようとするアメリカの警備陣と撃ちあいとなる。やがてテロ部隊はこの領事館にいたリビア駐在のアメリカ大使クリストファー・スティーブンズ氏までを殺した。米側では他の3人の警備官が死亡した。大使が射殺されるとはアメリカにとっては大事件である。

カダフィ政権がすでに倒れ、新政権が誕生していたリビアでなぜこんなテロが起きるのか。

オバマ政権はすぐに声明を出した。

「アメリカ側の民間で作られた反イスラムの映画にリビアの民衆が反発し、その怒りが拡大して、自然発生的な軍事攻撃になったのだ」

この映画というのは『無邪気なイスラム教徒』と題され、イスラム教指導者ムハンマドを戯画化した内容だった。オバマ政権も、大手マスコミもみなこの映画を原因とみなす情報を流した。とくにオバマ政権のスーザン・ライス国連大使は、アメリカのテレビのニュース・インタビュー番組に次から次へと出演して、テロ行為よりもこの反イスラム映画を非難する言明を重ねた。

ところがこのテロが実はアルカーイダによりかなり以前から緻密に計画された攻撃だったことが判明した。自然発生などという状況はまったくなかった。武装戦士たちもアルカーイダの精鋭であり、武器もロケット砲まで使う周到な重武装の作戦だったことが確認された。

アメリカではおりから大統領選挙戦の後半段階を迎え、共和党側はオバマ政権の中東政策の大失態として激しく非難した。同政権への責任追及の動きはなお選挙後も続いている。要するにアメリカは中東で失敗や後退を続けているという状況の証拠とされたのがこのベンガジ事件だったのだ。

中東・北アフリカ全域でパワーを喪失

アラブ世界でのアメリカの後退の次にくるのは不安定であり、混乱である。オバマ政権は中東や北アフリカの全域でこのようにパワーを喪失しているのである。

アメリカの中東での後退は2013年3月下旬のオバマ大統領のイスラエル訪問でも皮肉な形であらわにされた。

イスラエルは歴代のアメリカ政権にとって事実上の同盟国だった。日米同盟のように相互防衛の安全保障条約こそないが、イスラエルの危機にはアメリカが必ず防衛にあたるという誓約は米側歴代政権が明確にしてきた。

ところがオバマ大統領はアラブ諸国への友好にのめりこんで、このイスラエルとの距離を広げた。大統領自身、一期目の4年間、年来の同胞のイスラエルを訪れることが一度もなかったのだ。だが二期目に入った年の3月、やや唐突にイスラエルを訪問し、ベンヤミン・ネタニヤフ首相らと肩を抱きあう友好ぶりをみせたのである。だがイスラエル側の冷たい態度は変わらず、国内でのオバマ氏への支持率は10%台のままだった。

アメリカとイスラエルのきずなを年来、強く保ってきた基盤のひとつは民主主義という価値観だった。イスラエルは米側でよく「中東での唯一の完全な民主主義国家」と評されてきた。だがオバマ大統領は明らかにその価値観の共有という部分を軽視したといえる。

「アメリカ例外主義」概念に背を向ける大統領

中東からアメリカ本国に目を転じよう。

ニューヨーク港内のリバティ島に「自由の女神」の像がそびえる。トーチを高々と掲げた優しい女神の姿はいうまでもなくアメリカ合衆国の自由と民主主義の象徴である。世界各地での弾圧や侵略や革命から逃れてアメリカにやってくる移民や難民たちにとって、まさに自由な新天地のシンボルとなる。

その「自由の女神」が体現するのは、アメリカが全世界から頼られる魅力だといえよう。

アメリカのリーダーシップでもある。全世界でもアメリカは特別の輝きを放つ指導的な国家だとされることの暗黙の認知でもあろう。アメリカは特殊な国だということである。

ところがオバマ大統領はこの基本にも背を向ける。オバマ大統領の外交面での「アメリカらしさ」の拒否だともいえる。その態度は彼の「アメリカ例外主義」という概念への対応でも示されたのだ。

この概念は、アメリカ合衆国は全世界でも独特の責任や使命や魅力を持ち、実際にそれを果たしてきた特別の国家だとする考え方である。特別、つまり世界でも例外的な国家だというわけだ。世界に向けて自国の建国の理念である民主主義と自由とを広めていく例外的な国だというのである。例外的なリーダーシップを発揮する国だという意味でもある。だからこのアメリカ例外主義は「自由の女神」にたとえられることも多いのだ。

ただし例外主義というのは、アメリカの価値観に疑問を覚える側には鼻持ちのならない傲慢な宣言だろう。アメリカだけが他国よりもすぐれた例外の国だというのだから、優越意識がぎらぎらである。

しかし近代の世界の歴史をみると、アメリカが特別な役割を果たしてきたことは否定できない。第一次、第二次の世界大戦では、アメリカの軍事パワーが発揮されなければ、いまの自由主義陣営はいずれも勝ってはいなかっただろう。第二次大戦後の東西冷戦でのアメリカの主導の実績は前述のとおりである。戦後の平和と安定を保ってきた国際連合やNATO（北大西洋条約機構）などの創設もアメリカの主導だった。

アメリカが世界でも特別の任務を持った国家だという認識はアメリカ建国のユニークさにも由来している。日本や中国、そしてイギリス、フランスという国家にくらべて、アメリカは確かに異なる。日本や中国やイギリスはそもそも一定の地域に一定の民族が単独でも複数でも住んでいて、その集団が共同体となり、国家になっていった。自然に国ができていったのだ。

ところがアメリカはその独立宣言に集約される一定の理念に基づいて築かれた国なのだ。理念が国を成り立たせたといえる。その理念とは個人の自由や民主主義である。理念によって築かれ、その理念を対外的に広めることをみずからの使命とした点でアメリカは国際社会でも例外になるというわけだ。

そのアメリカ例外主義についてはフランスの著名な政治思想家アレクシ・ド・トクヴィルが1835年に世に出した名著『アメリカのデモクラシー』などのなかで詳述した。「アメリカ国民は世界でも例外的な立場にあるのだ」というのだった。

アメリカ国内でも自国が世界のなかで異色であり、その価値観を対外的に広めていく使命があるという意識は第3代大統領のトーマス・ジェファーソンの時代から明確に外交にからめて表明されるようになった。自国のリーダーシップを世界での例外とみる認識だといえる。

その流れは第16代大統領の共和党エイブラハム・リンカーンの統治でも明白だった。前述の第28代大統領ウッドロー・ウィルソンはもっと顕著だった。1910年代のそのころからアメリカ外交のあり方として「例外主義」という言葉がはっきりと、かつ頻繁に使われるようになった。近年では1981年に第40代大統領に就任したロナルド・レーガン氏の対外政策が例外主義の色濃い実例だとされる。

だからアメリカの学界でも歴代大統領がその外交政策では程度の差や表現の違いこそあれ、みな基本は例外主義を信奉してきたという見解がコンセンサスとなってきた。

アメリカだけ特別視すべきではない

2012年の大統領選挙キャンペーンでもオバマ氏の再選を阻もうとチャレンジした共和党のミット・ロムニー候補は何回も語ってきた。

「私はアメリカの例外主義を信じます。アメリカが世界で主導権やパワーを特別に発揮することは必要であり、誇りです。とくにレーガン大統領の『力による平和』に共鳴します」

だがオバマ氏はその例外主義に背を向けたのだった。

「アメリカの例外主義というのがあるのならば、イギリスの例外主義、ギリシャの例外主義というのもあるでしょう」

アメリカの主張や価値観がなにも特別でも例外でもない、というのである。どこの国にもその国独自の主張があり、アメリカだけを特別視してはならない、という見解だった。この言葉の意味をさらに深く読めば、アメリカは全世界に多数ある国家のひとつだ、あるいは多数ある国家のひとつであるべきだ、という認識にまでたどりつく。

事実、オバマ大統領自身、アメリカが特別のリーダーシップを発揮するべきではなく、他の諸国と対等に動いていくべきだという主旨の発言を何度もしている。

以下はその実例である。

「アメリカは過去において自国の意思を他の諸国に押しつけようとしてきました。しかし私はこんごあくまで対等なパートナーシップを求めることを誓います。アメリカの対外関係では先輩のパートナーも後輩のパートナーもありません。みな相互の尊重と価値の共有に基づく関与を保つということです」（２００９年４月、中南米諸国の首脳とのサミットでの演説）

「すべてのアメリカ国民の安全と福祉は諸外国の国民の安全と福祉と密接に結びついているという基本的な現実を認識しなければなりません。アメリカは世界が共通の安全保障と共通の人間性とを分かちあっていることを理解したうえで、リーダーシップを発揮しなければなりません。保護者や指導者の精神ではなく、パートナー同士という精神でのリーダーシップなのです」（２０１０年８月、外交政策についての言明）

オバマの謝罪外交

前述の発言は明らかにアメリカは全世界の特別な指導国家ではない、という認識である。アメリカの価値観はとくに世界的に普遍ではないし、むしろそうであってはならない、とする立場ともいえよう。

だからオバマ氏はアメリカの従来のあり方にはむしろ批判をぶつけることが多い。アメリカの超大国としての指導性の実績でさえも、あえてミスや欠陥を指摘して、事実上の謝罪をするという傾向がちらつくのだ。「すみませんでした」とか「許してください」という謝罪そのものの言葉こそ述べないまでも、アメリカの非をことさら強調して、間違っていたという自分の考えを明確にする。これはもう事実上の謝罪だといえる。

オバマ大統領のそうした言葉としては以下の実例がよくあげられる。

「アメリカは全世界でのヨーロッパの指導的な役割を認識しないという失敗を犯してきました。アメリカはときおりヨーロッパに対して傲慢や無視の態度をとってきました。あざけりをみせることもあったのです」

（２００９年４月、フランスでの演説）

「イスラム世界に対する私の任務はアメリカが敵ではないと伝えることです。アメリカはイスラムに対し間違いを犯してきました。アメリカは完璧ではないのです。アメリカはそもそも植民地国家だったわけではない。だからイスラム世界に対しても尊敬やパートナーシップの念を抱いています」

（２００９年１月、イスラム系新聞とのインタビュー）

「アメリカは中南米諸国に対し約束したことを実行せず、信頼を失うこともありました。しかしいまやアメリカはその種の過去の過ちを率直に認め、こんごは同じ過ちを繰り返さないようにします」

（２００９年４月、中南米諸国の首脳とのサミットでの演説）

「アメリカもまた自国の暗黒の時代との葛藤を続けています。リンカーン大統領は黒人の奴隷を解放したが、なおアメリカは国家として奴隷制や人種差別の遺物と戦っているのです」

（2009年4月、トルコ議会での演説）

以上の言明のうち最後のトルコ議会での演説はとくに注目すべきだろう。そこではオバマ大統領はアメリカの奴隷制度にまでさかのぼって、自国の非を認めているのだ。同大統領自身が黒人だということを考えると、その言葉の意味はまた一段と深くなる。底流にあるのはアメリカも欠陥や錯誤のある国であり、そのマイナス部分は素直に認めて、謝っていくという態度である。

この態度は謙虚であり、自省的であり、他者への思いやりにも富んだ意識の表れともいえよう。だが他方、アメリカのアメリカらしい偉大さ、公正さ、指導性などをあまり高くは評価しない自虐的な態度ということにもなる。とくにアメリカの歴史や伝統に誇りを抱き、自国の価値観に世界的な普遍性をみいだすアメリカの多数派にとっては、「謝りすぎ」と映る。卑屈ということにもなる。その是非を除いて眺めても、オバマ氏のこうした姿勢はアメリカ歴代大統領のなかでも前例がないことだけは確かである。

事実、オバマ大統領が就任後まもなく、これまで紹介したようなアメリカの非を指摘する対外的演説を続けたことは、2012年の大統領選挙で共和党側から「謝罪外交」とか「謝罪の旅」として激しく非難された。

ドキュメンタリー映画が描くオバマの反植民地主義

バラク・フセイン・オバマという人物はアメリカ合衆国という国家をそもそもどうみてきたのか。アメリカの対外政策の基本になにを求めるのか。この問いかけにひとつのショッキングな答えを出したのが『2016年＝オバマのアメリカ』と題するドキュメンタリー映画だった。2012年後半に全米各地で上映された作品である。

この映画はオバマ氏の生まれから育ち、そして教育まで、暗い部分に光を当てていた。

オバマ氏は周知のようにケニア人の黒人の父親、アメリカ人の白人の母親の下に生まれた。だから人種的には黒人、言いかえればアフリカ系アメリカ人ということになる。

ここで「黒人」という用語について説明しておこう。最近のアメリカでも日本でも黒人をアフリカ系アメリカ人と呼ぶことも多い。黒人という用語への批判を述べる向きもある。黒人というのは侮蔑をにじませた差別的な言葉だというのだ。

ところが現実にはアメリカの一般社会では黒人という言葉はふつうに使われている。政府の国勢調査の人口調べでも、人種別、民族別の区分では白人、黒人、アジア系などという言葉が一般的に使われるのだ。オバマ大統領自身も自分の人種的な区分を含めて、ふつうに黒人という用語を使っている。自分自身を黒人と描写するのだ。

さて映画『2016年＝オバマのアメリカ』はインド系アメリカ人の気鋭の政治学者ディネシュ・デスーザ氏の監督とナレーションとで製作された。デスーザ氏はニューヨークのキングズ大学の学長だが、レーガン大統領の補佐官だった経歴の保守の論客でもある。このドキュメンタリー映画はデスーザ氏の『オバマのアメリカ』という題の著書を原作とした。製作には『シンドラーのリスト』でアカデミー賞を受けたジェラルド・モーレン氏らがあたった。

長さ90分のこの映画はオバマ氏の家庭や教育の環境を徹底して追っていた。全米各地で上映されるようになったのが2012年の8月から9月にかけて、ちょうど大統領選挙の真っ最中だったから、当然、「共和党陣営からのオバマ氏攻撃の政治プロパガンダ映画」だとする非難も起きた。

だが映画の内容は事実を丹念に追い、積み重ね、オバマという政治指導者のひとつの全体像を描きあげていた。作品として真に迫っており、説得力があったためにこの種のドキュメンタリー映画ではまずない一般映画館多数での上映となった。全米合計2000もの映画館で上映され、8月末の週には他のアクションやコメディの映画を抑えて、全米第2位の興業成績を記録した。9月の第一週にも全米7位となった。ドキュメンタリー映画としてはまったくの異例だった。

さて私もその映画をじっくりとみた。原作者で監督のデスーザ氏が総括として打ち出した結論は次のようだった。

「バラク・フセイン・オバマ氏が真に信ずる思想は反植民地主義である。反植民地主義とは欧米諸国がアフリカやアジアの資源や人間を支配し、搾取してきた近年の世界の流れを止め、逆転させることを求める」

オバマの反植民地主義の系譜

この反植民地主義では、アメリカも開発途上国を搾取した側であり、とくに超大国としての搾取はひどい、ということになる。アメリカは今後はその搾取を止めて、控えめなひとつの国家として存続していけばよい、というのだ。アメリカ帝国主義への反対である。みずからを特別に扱う例外主義も、とんでもない、ということになる。

この映画はオバマ大統領の出自を徹底して追っていく。父の祖国ケニアに滞在して、オバマ家の人たちを幅広くインタビューする。とくにオバマ大統領の父バラク・オバマ・シニアの軌跡を詳しくたどっていく。父オバマ氏は後の大統領がまだ物心のつかない幼児の時期にハワイの家族を捨てて、ハーバード大学に向かう。この父がケニアでは反植民地活動の闘士だったのである。オバマ大統領の反植民地主義の系譜はこの父の言動に影響された結果だというのだ。

周知のようにケニアはイギリスの植民地だった。ケニアが独立を果たしたのはオバマ大統領が生まれてから2年の1963年だった。その当時も、その以前もケニアでは反植民地主義のイデオロギーが叫ばれることが多かった。そのケニアの政治思想がオバマ氏の考えにも、じわりじわりと浸みこんでいったのだ、というのである。

この映画はオバマ氏が少年時代の4年間を過ごしたインドネシアに光を当てる。カンザス州出身の白人、母親のアン・ダナムさんがインドネシア人と再婚して、ジャカルタに移住した結果だった。1967年だった。少年バラク・オバマは当時、6歳、インドネシアもオランダの植民地支配を打倒した歴史から反植民地主義の思想は顕著だった。

母のアンさんもアメリカ人女性とはいえアメリカの対外政策に激しく反対して、第三世界への共鳴を述べる人類学者だった。

映画『2016年＝オバマのアメリカ』はオバマ氏が受けた教育面での影響にも細かな視線を向けていた。

オバマ氏はハワイでの少年時代には共産主義への支持を鮮明にしていた政治活動家のフランク・デービス氏を師の一人として仰いでいた。コロンビア大学では著名な反米パレスチナ支持派の学者エドワード・サイード氏に学んだ。社会に出てからはかつてアメリカの政治体制に対する都市ゲリラ革命を叫んだ活動家ビル・エアーズ氏との親密な交流を続けた。

チャーチル元首相の胸像を英政府に返還

オバマ氏のこうした精神面や学問上の師には反米思想や反植民地主義の信奉者が多かったことは、客観的な事実として認められている。ではオバマ氏が実際にそうした師たちからどれほどその思想を吸収したのかは、測定は難しい。だが著名な政治学者のデスーザ氏はこの映画を通じて、これら師や先人からの反植民地主義の影響はきわめて大だと宣言するのである。

繰り返すように、デスーザ氏は保守派、共和党系の人物である。民主党リベラル派のオバマ氏が政治上の敵となる。その敵が語るオバマ評は割り引いてみる必要があるだろう。だがその点を含めてもなお、このドキュメンタリー映画が実際の事実を追いながら浮きぼりにするオバマ氏の思想の系譜は理にかない、説得力に満ちた部分が多いのである。

実際にオバマ氏が2009年1月に大統領に就任して、ホワイトハウスの住人になり、まず最初に断行したのがイギリスの元首相ウィンストン・チャーチルの胸像を取り除くことだった。米英両国間の特別のきずなの象徴としてイギリス政府からかつてホワイトハウスに贈られたチャーチル元首相の胸像はアメリカの歴代大統領の住まいのなじみの深い装飾となってきた。

ところが第44代の黒人大統領は詳しい説明をもせずにそのチャーチル胸像をイギリス政府に返してしまったのだった。イギリスは大統領の父の祖国ケニアを長年、植民地支配した宗主国だった。なるほど、と、ついうなずかされる話である。反植民地主義という共通のカギで解けるパズルのようなのだ。実際にオバマ大統領の政策に批判を述べる側からはこの実話は疑いもなくオバマ氏の反植民地主義志向の例証として位置づけられた。

要はアメリカという国のこれまでの軌跡をどうみるか、である。よいところも悪いところも併せてみて、やはり自分の国は正しい、すばらしいとみるのが、いまでもアメリカ国民の大多数の認識だといえよう。

だがオバマ大統領はどうもそのへんの基本が異なるようなのだ。

「私は成人してからいま初めて自分の国に誇りを感じます」

この言葉はオバマ大統領夫人のミシェルさんが2008年2月に述べて、大きな波紋を投げかけた。文字どおりに解釈すれば、ミシェルさんはこの時点で44歳だったが、それまでの長い年月、アメリカという自分の国に誇りを感じたことはなかった、ということになる。

この時点では大統領選挙の投票を9カ月後に控えて、オバマ候補が人気を高め、当選への見通しを強くし始めていた。その状況をみてミシェル夫人は「成人してから初めて」アメリカへの誇りを持てるようになったというのだ。夫婦は必ずしも一心同体ではないにせよ、いかにも夫のアメリカ観をそのまま反映したような言葉だったといえよう。

いまのアメリカは自国に長年、誇りを感じてこなかったカップルが大統領夫妻になっている、ということなのである。この現実は愛国心や国家への忠誠、誇りという概念がごく当然とされてきた従来のアメリカの規範からすれば、きわめて異質の現象なのだ。

第二章 軍事力軽視

軍事力を忌避し、軍事力の効用を認めたがらない

オバマ大統領はそもそも軍事力が嫌いなのだ――

アメリカの国政レベルでは、そんな認識がよく語られる。オバマ氏のリベラル政策に反対する保守派だけからの評価ではない。与党の民主党側にも浸みとおった認識だといえる。実際にオバマ氏が国際課題解決のための手段としての軍事力の効用さえも、なかなか認めたがらないという傾向は、おりにふれ実証されてきた。

この点もアメリカらしくないのである。より厳密にはアメリカの大統領らしくないといえよう。

軍事力自体を忌避することも、軍事力の効用を認めたがらないことも、道義的、さらには政治的には、決して悪いことだと断定はできない。人道主義というような倫理面にだけ限れば、むしろ歓迎されるべき傾向だという考え方も成り立つ。

しかし国家としてのアメリカが軍事力の効用を認めたがらないとなると、これまでのアメリカとはがらりと変わってくる。ましてスーパーパワーとしてのアメリカが軍事力が嫌いだというのでは、スーパーパワーとしての威力が失せてくる。いまのオバマ政権下のア

メリカで起きている軍事パワーに関する動きは、それほど深遠で深刻な意味を持っているのである。

オバマ氏は歴代の大統領のなかでは就任前の国政での実務体験が異例なほど少ないが、大統領選に名乗りをあげる直前まではアメリカ連邦議会の上院議員を務めた。２００５年1月の議員就任とはいえ、２００７年２月には大統領選挙への立候補を宣言したから、実際に議員活動の期間は２年ほどだった。もっとも大統領選キャンペーンを進めながらも、上院議員のポストは放棄しなかったため、公式には大統領選の当選が決まった直後の２０08年11月中旬までの３年10カ月、上院議員として在籍したことになる。

この期間のオバマ議員は「上院１００人のうちでも最もリベラルな議員」とされた。法案への投票ぶりや議場での発言ぶりからの判定である。『コングレッショナル・クォータリー』という議会専門誌の綿密な調査などでの結果だった。リベラルというのは後述するように「大きな政府」や「福祉の重視」を理念とする政治傾向だが、安全保障面となると、軍事への消極性や忌避が主眼となる。

実際に上院議員としてのオバマ氏はとにかく軍事力の増強につながる法案にはすべて反対したのだった。大統領の一期目に宣言した核兵器廃絶の提唱も、上院議員時代から熱心に繰り返していた。いま北朝鮮の核兵器や長距離弾道ミサイルの強化でその必要が全世界で叫ばれるミサイル防衛に対してもオバマ上院議員は反対することが常だった。

ミサイル防衛政策に反対

ミサイル防衛とは、いうまでもなく、自国や自陣に向かって飛んでくる敵のミサイルを上空で捉えて、破壊する防衛のシステムである。レーガン大統領が１９８３年３月に「戦略防衛構想（ＳＤＩ）」という名称でその構築の方針を打ち出したころは、反発や懐疑が強かった。反対派はスター・ウォーズ（宇宙戦争）などというあざけりをこめたネーミングでその構想を批判した。アメリカの国政の場ではとくに民主党リベラル派からの反対が強かった。

オバマ氏もそのリベラルの系譜を忠実に受け継いだかのように早くからミサイル防衛への難色を明らかにしてきたのだ。

「私はミサイル防衛システムには同意しません」

２００１年、まだイリノイ州の州議会上院の議員にすぎなかったオバマ氏はこんな主張を明言していた。連邦議会の上院の議員になってからもオバマ氏は自分の反対の立場に

「その防衛の技術が機能することが立証されない限りは反対」という留保の条件をつけてはいた。だが現実にミサイル防衛の研究や開発の予算増額などとなると、決して賛成票を投じることがなかった。

２００８年の大統領選挙戦中にはオバマ候補はブッシュ政権がミリイル防衛の構築に投入してきた予算を計１００億ドル削減すべきだと主張した。その時点で実際に使われていた予算総額は90億ドルだったため、オバマ氏のミサイル防衛拒否症はことさら強烈に示されたのだった。

大統領になったオバマ氏はミサイル防衛への反対をさらに明確にした。ホワイトハウス入りして８カ月ほど後の２００９年９月、すでに決まっていた東欧のポーランドとチェコに配備するミサイル防衛システムの計画を中止してしまったのだ。

ポーランドとチェコはソ連共産党政権の崩壊後に新たに北大西洋条約機構（ＮＡＴＯ）に加わったアメリカの同盟国である。この両国は東西冷戦中はソ連の独裁政権の支配下にあったわけだが、その経験をも踏まえ、ロシアのミサイルへの備えの意味でアメリカと組んでのミサイル防衛網の構築を望んだのだった。とくにポーランドはアメリカの対テロ戦争では前ブッシュ政権時代、イラクとアフガニスタンの両国へ部隊を送り、アメリカへの緊密な協力の行動をとっていた。

ブッシュ大統領はそうした協力をも高く評価したように、ポーランドとチェコの両国とそれぞれ二国間の協定を結んで共同のミサイル防衛網の設置を決めたのだった。その狙いには核武装やミサイル開発の道を独自にひた走るイランの脅威への防衛も含まれていた。

しかしオバマ大統領は就任後8カ月ほどで、あっさりとそのポーランド、チェコ両国とのミサイル防衛構想を止めてしまったのだ。オバマ政権はこの決定を従来の欧州でのミサイル防衛の「修正」であり、「中止」ではないと主張する。だがポーランドとチェコへの配備は疑いなく中止となった。代替案として欧州の他の諸国にミサイル防衛網を配備すると述べてはいるが、具体的な計画は出ていない。

北朝鮮に振り回され、あわててGBI増強

ミサイル防衛といえば、さまざまな軍事手段のなかでもきわめて守勢的、防衛的な構想である。他国に核爆弾を投下するような攻撃的な措置ではない。むしろその逆に、敵からのミサイル発射に対し、そのミサイルを途中で阻止して、みずからを防衛しようというだけなのだ。だから全世界的にミサイルが拡散を続ければ続けるほど、その対応策としての

ミサイル防衛が幅広く求められるようになった。だがオバマ大統領はそんな措置にも反対だったのである。

皮肉なことに、二期目のオバマ政権は2013年3月15日、アメリカ本土を守るミサイル防衛網のうちアラスカ州に配備された地上配備迎撃ミサイル（GBI）を14基、増強するという決定を発表した。この種の迎撃ミサイルはこれまでアラスカに26基、カリフォルニア州に4基が配備されていたが、その計30基を44基にまで増すというのだ。

この措置はオバマ大統領にとっては考え方の転向だった。そもそもこのGBIというのはブッシュ前政権がとった措置だった。ブッシュ前大統領は2002年からGBIの配備を決めて、その計画を推進した。そしてアメリカ本土にその迎撃ミサイルを少なくとも合計55基、配備すると決めていた。ところがオバマ大統領は就任後まもない2009年後半、その配備基数の削減を打ち出した。最大限30基で止めるというのだった。

だがオバマ大統領は二期目の2013年3月、そのGBI配備を増強すると発表したのだ。この大あわての逆転の理由は北朝鮮による核ミサイル発射の脅しだった。北朝鮮はアメリカ本土にまで核弾頭を装備した長距離ミサイルを撃ちこむぞと、威嚇してきたのである。オバマ政権はその威嚇に追い立てられるように、いったんは削減を決めていたアメリカ本土のミサイル防衛網の迎撃ミサイルの増強へと走ったのだった。

2013年春のこのような北朝鮮の対米言動はまったく異例だった。アメリカは北朝鮮からかつてない軍事挑発を受けたのである。北朝鮮は公然と核弾頭つきの長距離ミサイルをアメリカに撃ちこむと宣言しただけでなく、日本国内やグアム島にある米軍基地にまで攻撃をかけると言明したのだった。

「わが戦略軍によるアメリカ本土打撃計画!」

若き絶対独裁者の金正恩第一書記が北朝鮮ミサイル司令部のこんな表示の前でアメリカへの攻撃準備態勢を固めよと命令する光景が堂々と北朝鮮の官営テレビに映された。アメリカに譲歩を迫るための単なる脅しかもしれない。同書記の権威を高める政治宣伝にすぎないという見方ももちろんある。

しかし実際にどんな国家にせよ、アメリカに対し正面から軍事攻撃の意図を言明するというのは異例である。北朝鮮の攻撃宣言にはいくつかの前提条件こそついていたが、それでもなお正面からの戦いの挑みに変わりない。超大国のアメリカもすっかりなめられたものだといえる。

超大国としてのプレゼンス欠如

アメリカはいまよく「唯一のスーパーパワー」と呼ばれる。全世界でただ一国だけの超大国というわけだ。傑出したパワーを持つ国という意味である。東西冷戦でソ連が崩壊した後、超大国としては唯一の存在となったわけだ。その超大国の「超大」の地位やパワーを支える最大の柱のひとつは軍事力である。アメリカは世界最強の軍隊を保持してきたからこそ唯一のスーパーパワーでありえたともいえるのである。

いまの世界をもう一度、眺めてみよう。オバマ大統領の誕生から4年5カ月、2013年6月の時点での国際情勢である。

中東ではすでに第一章で詳述したように、アメリカの影響力はドラマチックに縮小してしまった。アラブ世界の盟主に等しかったエジプトの親米政権は消滅し、イスラム原理主義に近い勢力が権力を握った。イラクではかろうじて米欧に顔を向けた民主主義政権が存在している。しかしリビアやシリアでは不安定や内戦が続き、アメリカは傍観のままである。2013年6月には、オバマ大統領はやっとシリアの反政府勢力への支援を言明したが、遅きに失した感がある。

イランはアメリカの再三の警告や圧力を無視する形で核武装への道を進んでいる。北朝鮮がそのイランと手を結び、核兵器や弾道ミサイルの開発でも協力し、反米の言動を誇示してアメリカに挑戦する。

アジアでは中国の軍事力拡大がものすごい。オバマ政権は「アジア最重視」とか「アジアへの旋回」という新戦略をうたってはいるが、実効措置がなおついていかない。そしていまや北朝鮮はあたかも核兵器をすでに保有してしまった公式の核武装国家のように、アメリカに対して傲慢にふるまうのである。

ヨーロッパをみても、オバマ政権下のアメリカが欧州諸国との距離を広げてしまったことは明白である。米欧共同で中東などの動乱の鎮静にあたるというような年来の動きがもうみられないのだ。ポーランドなどの東欧諸国もアメリカへの接近に努めるが、オバマ政権はミサイル防衛共同配備計画をキャンセルしたように、きずなを強める方向にはまったく動いていない。

全世界どの地域をみても、アメリカの超大国としてのプレゼンス（存在）はすっかり薄れたようにみえるのだ。アメリカ側の識者や専門家は後述するように、その理由をオバマ政権の軍事力の削減や縮小に帰するのである。

しかしオバマ政権のそうした動きにも、それなりに正当な論拠はあるといえる。

オバマ大統領自身が「反軍」や「反戦」の基本を政策スローガンに掲げて登場した政治指導者なのである。オバマ氏が2008年の大統領選に初めて立候補したとき、アメリカは対テロ闘争の延長としてイラクとアフガニスタンと、二つの国に大量の米軍部隊を送りこんで戦争を続けていた。この二つの戦争のアメリカ側での動因はいずれも9・11同時中枢テロにさかのぼる。

イラクでの米軍の戦争を終わらせた大統領

2001年9月11日、イスラム過激派の国際テロ組織アルカーイダのメンバーたちがアメリカの旅客機4機をハイジャックして、ニューヨークの世界貿易センターとワシントンの国防総省とに突入した事件は、全世界を揺さぶった。時のブッシュ政権は翌月の10月、イギリスやドイツなどの有志連合諸国とともに、アルカーイダの拠点だったアフガニスタンに軍事攻撃をかけた。そして2003年3月にはイラクのサダム・フセイン政権打倒の軍事作戦を始めた。

イラク攻撃は9・11テロへの直接の反撃ではなかったが、フセイン政権が国際テロ組織を支援してきた過去の軌跡や大量破壊兵器の開発の疑いを理由としていた。

こうした軍事情勢に対し、オバマ氏は２００８年の大統領選ではイラク戦争に反対し、もし大統領に当選すれば、就任後16カ月以内でイラクの米軍戦闘部隊をすべて引きあげることを公約とした。そして実際に就任後19カ月目の２０１０年８月にはイラクでの米軍戦闘終結を宣言した。さらにオバマ大統領は２０１１年12月にはイラク駐留のすべての米軍の撤退を終えたのだった。

一方、オバマ氏はアフガニスタンへの米軍の介入には当初は明確な支持を表明していた。アメリカの中枢を攻撃したアルカーイダを全面的に応援してきたアフガニスタンのイスラム原理主義のタリバン政権への攻撃はアメリカとしての必要だと説いていた。そして米軍を増派し、ブッシュ前政権時代よりも３倍、約10万もの米軍部隊を一時は駐留させたのだった。

しかしオバマ大統領は２０１２年に入って、アフガニスタンでの米軍の規模を縮小する方針を述べるようになった。二期目の政権をスタートさせた２０１３年はじめの時点ではアフガン駐留米軍を２０１４年以降にはすべて引きあげることをも示唆するにいたった。やはりオバマ大統領はアフガニスタンに関してもアメリカの軍事活動を止める、戦争を止める、という基本姿勢なのである。

オバマ大統領がアメリカの対外関与の歴史では「イラクでの米軍の戦争を終わらせた大統領」として記録されることは、もう決まっている。アフガニスタンについても同様の見通しが強いのである。要するにオバマ氏は米軍の海外での戦闘活動に反対し、実際にその活動を終結させた大統領だと総括されることになるわけだ。「反戦」「反軍」の基本姿勢と評しても不正確ではないだろう。

しかしイラクとアフガニスタンでの米軍の軍事行動を終えるという方針自体は、たとえ他の人物がアメリカ大統領になっていても、打ち出されたかもしれない。この二つの戦争は長い年月、続き、アメリカの若者多数の命を奪い、国家資源を枯渇させて、国内世論の反対をも高めていたからだ。現地の人たちにさらにずっと大きな被害があったことはいうまでもない。ただしイラクでは曲がりなりにも、欧米にドアを開いた民主主義国家が確立された。アフガニスタンでも国際テロ勢力と密着したタリバン政権は打倒された。

4年間で800億ドル近く国防予算削減

だがオバマ大統領の場合、この二つの戦争の終結という措置を超えて、軍事や国防に対する忌避の態度を広げていったのである。その態度はオバマ政権の国防費の一貫した削減という措置にも象徴されていった。

実際にオバマ政権の国家の防衛に使う費用の削減ぶりというのは革命的とか、ドラマチックという表現を使っても誇張ではないほどの大規模なのである。その背景にはもちろんオバマ大統領自身の国家の防衛に対する独特の考え方が作用しているわけだ。

オバマ政権の第一期目、国防予算は着実に削られていった。

２０１０会計年度　６９０９億ドル
２０１１会計年度　６８７０億ドル
２０１２会計年度　６４５７億ドル
２０１３会計年度　６１３８億ドル

この４年間、国防費は一貫して減っていた。総額が６０００億ドル台と、巨額なので、その削減はそれほど大きくみえないかもしれないが、年間３００億ドルほどが継続して削られているのである。なにしろ３００億ドルという金額は日本の一年間の防衛費の半分以上という大きさなのだ。

この削減の大きさはオバマ氏が大統領に就任する前の国防費の額の伸びをみると、まったくの異端であることがわかる。以下の年度はいずれも会計年度である。

2001年	3162億ドル
2002年	3450億ドル
2003年	4374億ドル
2004年	4676億ドル
2005年	4789億ドル
2006年	5344億ドル
2007年	6009億ドル
2008年	6659億ドル
2009年	6663億ドル

今後も国防予算は大幅に削減される

以上のように着実な右肩上がりの増額だった。この期間、ブッシュ政権がイラクとアフガニスタンの両方で戦闘を続けていたとはいえ、8年間に国防費は倍増以上の伸びを記録した。アメリカの国防予算というのは本来、平時でも確実に前年度よりは増加していくのだ。それがオバマ大統領がトップリーダーとなり、自分自身の考えで予算を組めるようになると、そのとたんに毎年、減っていったのである。

２０１４会計年度の国防費は総額６１８０億ドルになることが２０１３年４月に発表された。前年よりはほんの少し多い額だった。だがオバマ政権下の国防費は実はさらに巨大な削減が予定されているのである。

オバマ政権にとっての最大課題のひとつは巨額の財政赤字である。政府の支出が歳入よりも多くなり、その差額が赤字として急増していく。その現象が財政赤字である。ブッシュ前政権の時代にもイラクやアフガニスタンでの軍事活動の経費が増して、財政赤字は増えてはいたが、経済や福祉などに政府支出の増大でのぞむ「大きな政府」策のオバマ大統領はこの赤字をさらに増していった。

オバマ政権の成立時の２００９会計年度にはアメリカ政府の財政赤字は1兆４０００億ドル以上だった。オバマ大統領はこの赤字を一期目の４年間で半減することを公約にしていた。しかしその公約はまったく守られず、赤字の額は逆に急増していった。その赤字を減らすためオバマ政権は政府全体で支出の節約や削減を目指した。なかでもその削減の最大の対象になったのが国防費だったのだ。

この点はやはり国防や軍事には熱心でないオバマ大統領個人の理念が強く反映されたと

いえる。

実際にオバマ大統領は就任後まもなくの2009年前半から国防総省に対し国防費の大幅削減を命令した。時の国防長官はブッシュ前政権時代から留任したロバート・ゲーツ氏だった。オバマ大統領が新政権の「超党派性」を打ち出すために前政権の国防長官を引き継いだのだった。

ゲーツ長官は2011年1月にそれ以後の5年間に合計780億ドルの国防予算を減らすという「国防効率化構想」を発表した。その削減の対象には海兵隊用の「遠征戦闘車両（EFV）」の開発の中止や同じ海兵隊用のF35統合攻撃戦闘機開発の遅延、将官ポストの削減という措置が含まれていた。だが現存する艦艇や軍用機を減らすという措置はなかった。ゲーツ長官はこの削減の流れに対し「米軍の空洞化につながりかねない」と警告を発していた。

しかしオバマ大統領はすぐまた国防費のさらなる削減を求めた。2011年4月に出した大統領命令は国防費の一律削減までを命じていた。現存の兵器や兵員をも削減の対象にするという意味だった。ゲーツ氏の後に国防長官に任じられたレオン・パネッタ氏がこの課題に取り組むことになる。パネッタ氏は民主党の歴代政権で重責をになってきたリベラル派であり、政治思考では前任のゲーツ氏よりはオバマ氏にずっと近いといえる。

10年間で最大7500億ドルの国防費削減

この時期にはアメリカ政治に激震のような大事件が起きた。「予算管理法」という過激な法律が成立したのだ。このあたりについては詳しく後述するが、この法律は政府の財政赤字を減らすために、一定目標の支出の削減、赤字の削減が達成できない場合、政府の支出を強制的、自動的に一定範囲で削ってしまうという主旨である。後にアメリカの議会や政府を激しく揺さぶる「予算の強制削減」とか「財政の崖」という用語で表現される現象が出てくるのも、この予算管理法が起源なのだ。

オバマ大統領は２０１１年８月、予算管理法案に署名した。法案が正式の法律となったわけだ。同法の目的は２０１２年から２０２１年までの10年間で連邦政府全体の財政赤字を最大２兆４０００億ドル削減することだとされていた。支出や赤字の削減が目標どおりにできない場合、１兆５０００億ドルが自動的、強制的な一括削減（sequestration）となる。そしてその削減の半分の額は国防予算からになるというのだった。

この点でも政府の支出を削るならば、まず国防費をその最大対象にするというオバマ政権の発想が明らかにされていた。なにしろ10年間で最大限7500億ドルに達する国防費の大削減という計画なのである。

国防総省はこうした動きを受ける形で2012年1月、予算の縮小を主眼とする「戦略ガイダンス」という指針を発表した。パネッタ国防長官の管轄下でのこの指針はゲーツ前長官が決めた「国防効率化構想」の5年間での国防費780億ドル削減にさらに加えて、予算管理法を踏まえての5年間での2590億ドルの新削減案を打ち出していた。

「戦略ガイダンス」はさらに「国防効率化構想」と異なり、兵器や兵員の実際の縮小をも求めていた。現役兵力のうち陸軍部隊をいまの57万から49万人にまで減らす計画だった。海兵隊は現有の20万2000から18万2000人へと削減される。欧州駐留米軍歩兵部隊は2個旅団が減らされる。そうした提案が打ち出された。その他、建造中の海軍艦艇や航空機の製造プロセスまでがストップされ、米軍の戦闘能力や抑止力が落ちこむことは確実だとされた。

チャック・ヘーゲル元上院議員が2013年2月にオバマ大統領から新国防長官に任命され、就任したことも、国防費の大胆な削減のエスカレートをさらに思わせた。

ヘーゲル氏はベトナム戦争での戦闘経験も持ちながら、反軍や反戦の傾向の著しい政治家だった。共和党の上院議員だが、軍事問題に関してはリベラル的な立場をとり、国防費の増大にも批判的だった。そんな傾向のヘーゲル氏の国防長官就任は国防費のさらなるカットを連想させるのだった。

政府支出をめぐる民主vs共和のせめぎあい

２０１３年2月から3月にかけてのワシントンでは予算の強制的一括削減の発動を避けるために、政府と議会、民主党と共和党との間でどの政府支出をどう削るかをめぐるせめぎあいが激しく展開した。その議論でも経費削減の第一の対象になるのは国防費だった。福祉、教育、経済、建設、エネルギーなど非軍事の分野での政府支出の大幅なカットが語られることはまったくないのである。

この期間、オバマ政権側からは次のような情報がつぎつぎと流されるようになった。

「このまま予算削減が続くと、国防総省の民間職員80万人が経費不足のために職務停止となる」

「2月はじめにペルシャ湾に再配備されることになっていたアメリカ海軍空母ＵＳＳトルーマンは予算上の問題から出発を遅らせ、母港のバージニア州ノーフォーク基地に留まることになった」

「同じ2013年2月に予定されていた海軍空母USSリンカーンの給油設備改修のためのニューポート造船所への派遣は予算上の理由により延期された。再度の日程はまだ不明のままとなっている」

「地中海で行動する海軍第6艦隊に付属する海兵隊遠征隊約2200人の陸戦部隊は予算の削減により当面は中東地域などで活動はしないこととなった」

要するにオバマ政権の赤字削減の方針は米軍の実戦部隊や抑止活動をも削りとることになった、というのである。

政治面から発したこんな動きは当然ながら軍部の制服組の懸念や反発を招く。

2012年12月には米軍の中東やアフガニスタン、パキスタンなどを含む広大な地域を管轄とする中央軍司令部の海兵隊司令官ジェームズ・マティス将軍が任期よりずっと早く辞任した。中央軍の作戦の内容や目的をめぐって、オバマ大統領に直結する国家安全保障会議のトム・ドニロン補佐官と意見が衝突した結果の抗議の辞意表明だとされた。中央軍の作戦の内容や目的は当然、国防費の多寡とつながっている。第一線のマティス将軍はオバマ政権の国防費大幅削減に抗議して、大統領側近のドニロン補佐官に排除されたとも伝えられた。

財政赤字削減こそ優先される!?

２０１３年2月の下院軍事委員会の公聴会では米軍統合参謀本部議長マーティン・デンプシー将軍がこの国防費の大削減に対して悲痛な声で反論した。

「あなた方議員は、私たち米軍にいったいなにをすることを求めるのですか？」

この言葉はワシントンで米軍首脳の軍事費大削減への率直な反応のシンボルとして広く伝えられた。軍事活動に欠かせない経費をこれほどカットしてしまって、米軍にいったいなにが期待できるのか、という問いつめであり、抗議だった。

しかしながら、いまのアメリカでの政府支出の強制一括削減による国防費の大幅カットは単にオバマ大統領の責任だけとはいえない。予算管理法による一括削減措置の発動は民主、共和両党の協議がうまくいけば、避けられるからである。

だが共和党側も国防費の削減には反対しながらも、オバマ大統領の包括的な財政赤字策をそのまま受け入れて、妥協を図ることはしようとしない。オバマ大統領とはそもそも国のあり方で基本の意見を異にするからだ。

オバマ大統領の側もまた妥協することはない。財政赤字の削減をまず軍事の削減で進めようというのはオバマ氏の発案であり、その点では譲歩の兆しはツユほどもみせないのだ。だからいまのアメリカの軍事態勢の財政面からの縮小はオバマ大統領自身の政治理念を原因とするところがあくまで主体だといえるのである。

もはや力を発揮しない「軍事力行使」というカード

ではオバマ大統領がこうした軍事力を大幅に削減していくことが、なぜアメリカらしくないのか。

オバマ大統領が軍事自体を忌避することがどうしてアメリカにとっては異端なのか。アメリカ内部でも、なぜ自国の軍事パワーがある程度以下に弱くなることを負の要因としてとらえ、トラブルの原因であるかのように位置づけられるのか。

これまでも何度か触れてきたが、ここで改めてその答えを総合的に述べてみよう。

世界各国のなかでもとくにアメリカの軍事力は特別な役割を果たしてきた。自国を守るだけでなく、世界の歴史の流れを変えてきたからだ。第二次世界大戦が最もわかりやすい実例だろう。歴史に「もし」はないとはいえ、アメリカの強大な軍事力がなければ、勝者と敗者の帰結は変わっていた。極端にいえば、アメリカの軍事パワーなしにはドイツや日本が勝って、世界を制覇したわけである。

第二次大戦後でも同様だったといえる。東西冷戦ではソ連の強大な軍事力と共産主義支配の膨張に対しては、アメリカの軍事力が防波堤となってきた。

アメリカにとっての軍事力の現実の効用について軍事外交史の権威エリオット・コーエン氏は2013年3月に発表した論文で次のように述べていた。

「アメリカの対外政策は1823年のモンロー・ドクトリン以来、アメリカとその同盟諸国の利益を保証するためには軍事力を使うという明確あるいは示唆的な誓約に基づくグローバルなシステムに立脚してきた」

モンロー・ドクトリンは周知のようにアメリカの孤立主義として認知されてはいるが、実は、南北アメリカの地域に外部からの介入があれば、アメリカ合衆国は軍事力を使ってでもそれを排除するという宣言である。いまからちょうど190年前に当時のジェームズ・モンロー大統領が打ち出した対外政策だった。

コーエン氏はその当時もアメリカは対外政策の支えに軍事力の行使をはっきりと組みこんでいたことを示すためにモンロー・ドクトリンをもあげたわけだ。

コーエン氏は現在はワシントンにあるジョンズホプキンス大学の高等国際関係大学院（SAIS）の戦略研究専門の教授である。1980年代からアメリカ海軍大学で研究や指導にあたり、2001年からのブッシュ前政権では国防総省、国務省両方の高官を務めた。

同氏はこの論文でオバマ政権の軍事への姿勢について次のように述べていた。

「（190年来の歴代アメリカ大統領の軍事力行使についての誓約にもかかわらず）いまのオバマ政権はこの誓約を減らし、制限し、あるいは予算を十分に出さないという道を選んでいる。その結果はオバマ大統領が退任する前に、私たちが目撃することとなろうが、非常に危険となる」

アメリカが秩序や安定を守るためにこれまでの長い年月、いざという際の伝家の宝刀としてきた「軍事力行使」というカードがもう効果を失いつつあるというわけだ。

こうした現状認識はコーエン氏のような共和党寄りの学者や元高官に限らない。民主党のクリントン政権で空軍長官を務めたウィット・ピーターズ氏もオバマ政権の軍事パワー縮小への警告を発していた。2013年2月に発表した論文だった。

「予算の一括削減などによる国防費の5000億ドルもの削減という見通しはアメリカの

衰退を意味している。国防費の大幅減額によってアメリカにとっての安全保障政策の選択の幅が狭くなってしまうからだ。軍隊の存在目的は戦闘だけではない。紛争地域での情勢をアメリカにとって有利な方向へ変質させること、緊急事態に備えて利害や価値観をともにする諸国との有志連合を形成すること、紛争に対し軍事力の行使を考えている相手国にアメリカの軍事パワーの強さを認知させ、攻撃を思い留まらせること、など多様なのだ。軍事の軽視はこの種の多様な手段をなくしてしまうことにつながる」

これまたオバマ政権の軍事政策への危機感のあふれる批判だった。

テロに対する極端なソフト路線

軍事力に関連してさらに述べるならば、オバマ大統領はテロリズムへの対応でも新しい姿勢をみせた。前任のブッシュ政権とは明らかに大きな違いだった。

テロリズムにどう対処するかがアメリカの切迫した国家的課題であることは、2013年4月15日にボストン・マラソンで起きた大量殺傷事件でも、いやというほどみせつけられた。

そもそもオバマ大統領は反対派からはテロへの対応でも軟弱すぎると批判されてきた。

テロリズムというのは、変形とはいえ軍事力の無差別な行使である。テロの抑止や撲滅もまた基本としては物理的なパワー、つまり軍事力が必要とされる。その力の行使はオバマ大統領が難色を示す領域といえるのだ。

しかしオバマ政権が一期目に国際テロ組織のアルカーイダの首謀者ウサマ・ビンラーディンの抹殺に成功したことは、国際テロ撲滅の最大の実績として誇示された。2012年の大統領選挙でもオバマ陣営はこの行動をオバマ大統領一期目のテロとの戦いの輝かしい成果として繰り返し強調した。

なにしろアメリカにとってビンラーディンは3000余人もの罪なき同胞を殺戮した9・11同時テロの最高指揮者だったのだ。

パキスタンの首都イスラマバード北東の地方都市の隠れ家を2011年5月2日未明（現地時間）にアメリカ海軍の特殊部隊「シール」が急襲した作戦はまさにドラマチックだった。ビンラーディン一家と側近が住む警戒厳重な建物に数機のヘリコプターで降下した重武装の米軍特殊部隊員たちは40分ほどの銃撃戦の末に、ビンラーディンを射殺した。

この「アメリカの敵」の殺害は首都ワシントンでは大朗報として広まり、オバマ大統領もその成果を国民に緊急に伝えた。オバマ政権はテロ組織に対して強硬だというイメージが広まり、大統領の支持率も上がった。

だがオバマ氏がテロリストに対し本当にタフなのかどうか。実際にはアメリカの歴代大統領にくらべれば、決して強硬ではなく、むしろソフトだとされてきたのだ。なにもタフだから自動的によいというわけではないが、オバマ氏のテロへの姿勢は当初、極端なソフト路線を描いていたのである。

ビンラーディン射殺はオバマ氏が大統領に就任してから2年4カ月後だった。

しかし大統領就任前の2008年の選挙キャンペーンの期間にはオバマ氏はまずイスラム過激派のテロ組織を「テロリスト」と呼ぶことをためらっていた。だからブッシュ政権が正面に掲げていた「対テロ闘争」とか「対テロ戦争」という用語もあまり使わなかった。そのかわりに「超過激派との戦い」とか「暴力組織との闘争」という表現を使うのだった。

オバマ氏が大統領選キャンペーンの間、テロ対策に関連して最も強く提起したのはテロ容疑者たちの人権擁護だった。そしてその例証としてキューバのグアンタナモ米海軍基地内にあったテロ重要容疑者収容所の存在自体を激しく批判した。

グアンタナモ収容所は閉鎖せず、公約違反

グアンタナモはキューバ領だが、アメリカは対スペイン戦争の結果、その領内にある軍事基地の永久租借の権利を得た。ブッシュ政権はその米軍基地内に2002年1月、対テロ戦争の重要な容疑者たちの拘束や尋問の場としての収容所を設けたのだった。ブッシュ政権はグアンタナモはアメリカ本国領外であるため、アメリカの国内法は適用されないという解釈をとり、テロ重要容疑者たちを特殊な軍事の尋問と裁判の対象とした。

グアンタナモ収容所ではブッシュ政権は数百人の容疑者に対し、CIAを主体に一般の基準より過酷な尋問の手法を認めてきた。テロ容疑者たちが通常の戦争捕虜とも一般の刑事事件容疑者とも異なるとして、「米軍戦場操典」が規定した捕虜尋問法を超えることを許した。とくに容疑者に水に溺れる感覚を与える「水責め」を有効な尋問法として認めていた。テロの再発はあらゆる手段で防ぐという主張からだった。ブッシュ政権は「水責めは拷問ではなく、強化された尋問方法だ」という政府見解を出していた。

ところがオバマ氏は大統領選挙キャンペーン中からこの収容所の存在自体を「アメリカの国内法や国際法に違反する一国主義の横暴」として非難していた。大統領に当選すれば、その閉鎖に踏み切ることを公約とした。

オバマ氏は「水責め」をも「違法な拷問」として非難した。そしてその停止を選挙公約とした。実際にホワイトハウス入りしてすぐ、テロ容疑者に対する「水責め」などの厳しい尋問を禁止する大統領令にサインしたのだった。その際の文書に「拷問」という表現はなかったが、オバマ大統領はその署名に際して「アメリカは拷問をしない。それこそが大義だ」と述べていた。

オバマ大統領は同時にグアンタナモ収容所を一年以内に閉鎖する文書にも署名したのだった。こうした一連の措置はブッシュ前政権の対テロ戦争の手法を根本から否定し、テロリスト側の人権に大幅な配慮をした内容だったといえる。

ところがその後、グアンタナモ収容所は閉鎖されなかった。オバマ政権の第二期目の2013年春の時点でも、収容所はブッシュ前政権時代からのまま機能していた。オバマ氏にとっては公約違反なのだが、収容所の特殊な効用を認めざるをえず、存続させることになったのだった。その点を非難する声は少ない。テロの重要容疑者を特別の施設に隔離して、特別の扱いをすることへの一般アメリカ国民の支持が高いということも、そのオバマ氏の「公約違反」の要因だった。

「水責め」尋問こそ禁じられたが、その効用がビンラーディン殺害の経緯の判明で改めて光を浴びることとなった。グアンタナモ収容所の効用も同様だった。

オバマ政権がテロへの対応の最大成果として誇ったウサマ・ビンラーディン殺害の成功は実は、「水責め」とグアンタナモ収容所の存在があってこそ可能だった事実が明らかになったのだった。この展開はオバマ大統領のテロ容疑者人権尊重策にとっての痛烈な皮肉ともなった。

アメリカのCIAなど対テロ闘争当局がビンラーディン一家の秘密の隠れ家を探知した契機は、2004年に拘束したテロ容疑者の「ビンラーディン氏は電話やインターネットでの交信を一切、断ち、通信は単独の伝令にすべて頼っている」という自供だった。CIAはこの重要情報の追及をグアンタナモ収容所やオバマ大統領が閉鎖を命じたアメリカ国外の他のテロ容疑者秘密収容所でさらに尋問対象を増やして進めた。

この経緯は当時、CIAのテロ対策本部長だったホセ・ロドリゲス氏によって暴露された。同氏は『強硬措置』と題する著書を2012年5月に刊行して、話題を集めた。

ブッシュ政権時代にビンラーディン追跡作戦の責任者だったロドリゲス氏は自書のなかで、ビンラーディンと直接かつ定期的に面会していた秘密の「伝令」の正体をグアンタナモ収容所などに拘束されていた他の複数のテロ容疑者の「補強尋問」によって探知できたのだと述べていた。「補強尋問」とは「水責め」のことだった。

ＣＩＡは２００７年にはその伝令の身分や所在をつかみ、追尾を始めた。その後の慎重な追跡がパキスタンのビンラーディン一家の隠れ家の発見へとつながったのだという。

ロドリゲス氏は総括として以下のように述べていた。

「グアンタナモ収容所と補強尋問がなければ、ビンラーディンの探知と除去はできなかった。オバマ政権がテロ首謀者の殺害を自政権だけの政策の成功として宣伝することは公正ではない。ブッシュ前大統領が進め、オバマ大統領が否定した二つの手段が機能したからこそビンラーディンの探知が可能になったのだ」

テロへの対応には完全な正解というのはありえない。しかしオバマ大統領が前任のブッシュ大統領とはどれほど異なるアプローチをとったのか。この対照をみるだけでも、いまの「オバマのアメリカ」の軍事面での異色ぶりの一端が浮かんでくるといえよう。

第三章 日米同盟が変わる

日米安保に対する「アメリカらしくない」オバマの傾向

ふっと気がつくと、長年、連れ添った結婚相手が、別人のように異なる人間になりつつあった。外見も言葉も変わりはないのに、性格が変わっているようなのだ——いまの日米同盟の相手としてのアメリカについそんなことを感じさせられる。オバマ大統領下のアメリカは日本との安全保障のきずなに対しても、従来とは異なる姿勢をとり始めたようにみえるのだ。しかもそのきずなが従来よりはずっと弱く、ゆるやかになるという変化に思えるのである。

これまでオバマ大統領の「アメリカらしくない」傾向について報告してきた。ではその新たな傾向は日本にどのような影響を及ぼすのだろうか。日米関係はどう変わるのか。

日米関係といえば、その核心はやはり日米同盟である。日本とアメリカの間にはもちろん安全保障のきずなだけでなく、経済や政治、文化など広範な交流の分野が築かれてきた。しかし土台となるのは安全保障、つまり防衛の結びつきだろう。

日米の安全保障の結びつきといえば、その基盤は日米安全保障条約である。この条約の

第5条は「日本の施政下にある領域への武力攻撃があった場合、アメリカは日本とともに共通の危険に対処する」ことを明記している。

要するに日本が攻撃されれば、アメリカが防衛し、反撃するという誓約である。こういう誓約のうえに成り立つ相互防衛の取り決めが同盟とされる。同盟の本質は軍事であり、支柱は最悪の場合の軍事力での防衛となる。

現行の日米安保条約ができたのは1960年1月だった。それ以来、53年間、この条約に立脚する日米同盟は日本国民の平和と安全を保つことに大きく寄与してきた。

アメリカにとってはこの条約を尊重し、日本との同盟を守ることは、歴代政権の一貫した政策だった。共和、民主の政党の別にかかわりなく、日本を防衛することは歴代の大統領にとっての自明の責務であり、政策であった。そのことがアメリカの利益になると判断されたからである。

このように日米同盟を機能させる手段が軍事力だとすれば、その同盟の基本の目的は一定の政治体制や価値観の保持だといえよう。複数の国家間の同盟を支えるのは実利的な利害だけでなく、共通の価値観である。アメリカと日本の場合、民主主義、人権、自由市場経済などの理念やイデオロギーの共有があってこその同盟なのだ。

オバマ政権になっても表面をみる限り、対日政策は揺らいではいない。在日米軍は健在である。中国の軍事脅威の標的となった尖閣諸島についても、オバマ政権高官たちは「日米安保条約の適用の対象になる」と言明する。日本の施政下にある尖閣が軍事攻撃を受ければ、米軍が日本側に協力して、その防衛にあたるという意図の間接の表明だろう。

しかしそれでもなおオバマ政権の対日同盟への姿勢はこれまでのアメリカの歴代政権とは異なる変質を感じさせるのだ。それが冒頭で述べた皮膚感覚なのである。もっともこの受け止め方は単なる「皮膚」には留まらない。オバマ政権の実際の言動に日米同盟へのこれまでとは異なる違いがあちらこちらで露呈しているのだ。

まず背景や土壌という広い枠組みから述べよう。

オバマ政権下の日米同盟に不安を感じさせられる理由は、まず第一に同盟を機能させる軍事力へのオバマ大統領の屈折した姿勢である。腰の引けた態度といってもよい。この点は第二章でとくに詳しく述べてきた。

第二には、オバマ大統領のアメリカ固有の価値観への、これまた屈折した姿勢である。同盟の基本目的への消極的な態度といえよう。オバマ氏はアメリカが民主主義や自由市場経済を国際的に普遍の理念として拡大し、他の諸国にも広げていくという基本に背を向けがちなことは第一章で詳述した。オバマ大統領はアメリカの価値観を外部世界に向かって投射するリーダーシップの発揮をためらうのだ。

軍事力と価値観と、日米同盟を成り立たせてきたこの二つの大きな柱に疑問が呈されるとなると、どうしても同盟そのものの機能への懐疑が生まれてくるのである。

すでに第一章でも述べたように、私のアメリカ・ウォッチの始まりは1970年代後半にまでさかのぼる。当然ながらアメリカの日本に対する政策や戦略にも以来、真剣な関心を向けてきた。その三十数年に及ぶ観察でも、いまのオバマ政権の日本、とくに日米同盟に対する態度は従来とは異質の要素を感じさせるのだ。

いわずもがな、こうした変化は日本にとってきわめて重大である。日米同盟の変化は日本の国家、国民の安全保障に直接、かかわるからだ。

東西冷戦中の軍事力による抑止

さてこの日米同盟の基本について改めて考えてみよう。

同盟というのは一般に軍事同盟を指す。日米同盟もその本質は例外ではない。軍事以外の要素もいろいろ含まれはするが、「武力攻撃に対して日米両国が共通に対処」という日米安保条約の枢要部分は明らかに軍事行動を指している。

だが戦後の日本では「軍事」というのはタブーに近い概念となってきた。

だから日本にとっては軍事という課題はとくに考察が難しいのである。全世界の国家のなかでも第二次大戦後の日本だけは自国にとっての軍事という概念を否定してきたからだ。戦後の日本国憲法がまずその理由だといえる。より具体的には憲法第9条の規定のためである。

わが憲法9条は「戦争」「武力行使」「陸海空軍」「戦力」「交戦権」などをすべて禁止している。軍事の全面否定である。この条文を文字どおりに解釈すれば、日本は自国の防衛にも、自国民の生命や財産の保護のためにも、軍事力は保持できず、その行使もできないように受けとれる。物理的な阻止の行動、つまり軍事行動が禁じられているわけだ。

現実には純粋な自国の防衛にはその禁止は適用されないという苦しい追加の憲法解釈により、自衛権や自衛隊が認められたが、それでもなお「軍隊」や「軍事力」は禁止なのである。

アメリカをはじめとする世界の他の諸国にはそんな禁止は存在しない。軍事力保持も、軍事力行使も、戦争も、主権国家の固有の権利として認められているのだ。

日本側での軍事力の考察はまずその日本独自の特殊性を認めることがスタート点となる。日本ではまず憲法の禁忌があるために、軍事力という概念は「悪」とか「危険」という言葉さえ連想させてきた。「戦争」や「侵略」をも思わせてきた。

ところが他の諸国にとっては軍事能力自体は自己防衛のための不可欠な手段、国家の拠って立つ要件なのである。

では次に軍事に関しての戦後の世界の流れを簡潔に眺めてみよう。

ヨーロッパでは北大西洋条約機構（ＮＡＴＯ）という集団防衛の同盟組織がソ連の軍事脅威から西欧諸国の独立や安定を守ってきた。同盟の目的としては西欧諸国の民主主義の政治体制を防衛するということがうたわれていた。その集団同盟の最大の柱はアメリカの軍事力だった。軍事力という言葉は抑止力と呼びかえてもよい。

ＮＡＴＯはアメリカがカナダとともにみずからの運命をイギリスやフランスというヨーロッパの民主主義諸国に集団防衛という形で結びつけた同盟組織でもあった。ＮＡＴＯの基盤は米軍の軍事パワーであり、万が一、加盟諸国のひとつが外部から軍事攻撃を受けたときは、その攻撃はＮＡＴＯの全加盟国への攻撃とみなし、反撃する。その反撃の主力は当然、米軍となる。その意思と能力とが潜在敵国の攻撃の意思をくじくこととなる。このメカニズムが抑止である。

アジアではアメリカは日本や韓国、フィリピンなどと同盟関係を結んできた。ここでは同盟というのはヨーロッパと異なり、多国間ではなく、二国間の個別のきずなではあるが、軍事面での相互連帯である点には変わりはない。

アメリカは日本との間では前述のように日米安全保障条約を結び、同盟を保ってきた。繰り返しとなるが、もし日本への軍事の攻撃や威嚇があれば、それはアメリカに対する同様の攻撃や威嚇とみなして、米軍は日本防衛のために戦うことの誓約だった。日本は見返りに自国内に米軍部隊を駐留することを許す。日本への侵略を考える側はアメリカをも敵として戦うシナリオを考えねばならず、勝てる見通しのない戦いは止めておく、ということになる。

アメリカが朝鮮戦争に全面介入して、北朝鮮軍や中国軍を敵として血みどろの戦いをしたのも、この同盟関係のためだった。同盟相手だった韓国への「誓約」を果たしたことになる。その根底には共通の政治体制、共通の価値観を守るという基本があった。

東西冷戦中の日本はソ連の軍事脅威に直面していた。ソ連の陣営内に取りこまれる危険は現実的だった。イデオロギー面でも共産主義という選択は目前にあった。しかしそうならなかったのは、日本国民の意思と同時に日米同盟の機能があったからだといえよう。ソ連の強大な軍事力はこれまた強大なアメリカの軍事力によって、その威力を封じられたわけである。

だから東西冷戦中はアジアでは日米同盟が日本の安全だけでなく、地域全体の安定や平和を保ってきたといえる。繰り返しとなるが、このメカニズムが軍事力による抑止である。平和や安定や均衡を軍事力で崩そうとする動きを同じ軍事力で事前に抑えてしまうわけだ。軍事力には使わないことによる平和維持への効用があるということである。

日米同盟とアメリカの国益

ソビエト連邦の共産主義体制が崩壊した後の世界をみても、アメリカの軍事力は大きな安定要因となってきた。アジアでの中国の大軍拡には明らかに米軍の存在による抑止が機能している。アジアの安定や均衡が米軍の抑止効果により保たれているということだろう。

中東に目を転じても、ソ連の崩壊後、アメリカの軍事力は重要な安定要因となってきた。もしアメリカの軍事パワーがなかったならば、イラクのフセイン大統領の「戦争も辞さず」という軍事優先主義が中東の独裁支配を許していたことだろう。「アフブの春」が

「冬」になってしまった現状でもなお、アメリカの軍事力の潜在効果は大きい。

ただし当然ながら、アメリカは世界の平和や他国の安全のために、いつも崇高な使命を感じて、自国の軍事力を行使するというわけではない。日本との同盟でも日本が単に好きだからその防衛にも責任を持つなどということでは、もちろんない。主権国家の行動に完全な無私という動きはあるはずがない。自国にとっての利益という要因が最大の理由なのである。

日本がいまのままの民主主義、市場経済の体制で、アメリカに顔を向け、安定を保っていくことがアメリカにとっても欠かせない利益だといえる。だから同盟のきずなを保つという期待が米側の政策の基本なのだ。アメリカの国益ということである。

アメリカが自国の利益や価値観のために、他国の意向を無視して、目前の安定を崩し、軍事力を行使するという場合も、もちろんある。当然ながら、アメリカは天使ではない。自国のぎらぎらとした利益追求のために、他国の利害にはおかまいなしに、軍事行動をとることもあるのだ。抑止や安定を目的として掲げたアメリカの軍事行動が反対に、大規模な流血や混乱をもたらすという実例も少なからずあった。

一方、日本の一部には軍事力を絶対の悪とする向きもなおあるといえよう。

――軍事力とは戦争をする能力である。軍事力があるから戦争が起きる。戦争は絶対の悪である。すべての軍事力がなければ、戦争も起きない。だから軍事力を否定し、なくしてしまおう。

こんな主旨の主張だといえる。

だが現実の世界では、たとえ一定の国家が軍事力をなくしても、他の国家が軍事力を保つ限り、その行使を逆に容易にしてしまう。軍事力は相手が弱いとなれば、その行使への誘惑はそれだけ高くなるのだ。

そもそも戦争の原因というのは軍事力の存在自体では決してない。国家間の利害の衝突が原因なのだ。一定の国がその主権の確保や領土の拡大、経済利権の獲得、政治イデオロギーの拡大など、他国に対しての要求を抱き、交渉や協議など非軍事的な方法でその要求を突き進め、どうしてもそれが実現しないという場合に、最後の手段として考えるのが軍事力の行使、つまり戦争なのである。

だからこのへんの現実を重視するアメリカ側の識者からは、日本の「軍事力をなくせば、戦争がなくなる」という式の非武装志向に対しては「消防署をなくせば、火事がなくなる、という思考に似ている」という皮肉な批判もこれまで何度も聞かされてきた。

オバマの「アジア重視」の目的は対中国

さてオバマ政権の対日姿勢やアジア戦略に論題を戻そう。

すでに述べたように、表面的にはオバマ政権は日米同盟を重視しているようだ。同盟の堅持は当然という構えのようにみえる。そういう印象の理由のひとつはオバマ政権のアジア重視のスタンスだろう。アジア全体にどう対処するかは、日米同盟をどうするのかという課題と一体になっている。

「アジア最重視」

「アジアへの再均衡」

「アジアへの旋回」

このような政策標語がオバマ政権の一期目の後半になって打ちあげられた。2011年秋のことである。この種のスローガンはみなオバマ政権が日米同盟をも重視することを思わせる。だが現実はかなり異なるのだ。

公式には新政策の主旨は米軍をあらたにアジア重点にシフトさせ、配備するということだった。

2011年10月、当時のレオン・パネッタ国防長官は日本を訪問した際、「アメリカはアジア・太平洋での軍事プレゼンスを強化する」と言明した。イラクの米軍の駐留が同年内で終わり、アフガニスタンでも米軍の規模が着実に縮小するにつれ、米軍の世界的な戦略が「転換点」を迎え、その重点はアジアへと移るということだった。

それと前後して、当時のヒラリー・クリントン国務長官も大手外交雑誌に発表した「アメリカの太平洋の世紀」と題する政策論文で、「アメリカのこれまで10年のイラクとアフガニスタンでの軍事努力は、その重点を移し、こんごの少なくとも10年はアジア・太平洋にシフトする」と明言した。

このアジア・シフトの最大の理由は、どう考えても中国とみなされた。「みなされた」という遠まわしな表現をあえて使うのは、オバマ政権がこの種の対中戦略では公式には決して、その理由や対象として「中国」の名をあげないからだ。中国との公然たる対決を避けるという姿勢だろう。この点は後述するように、オバマ政権のよくいえば慎重さ、悪くいえば腰の引けたところなのである。

それでもクリントン国務長官はその論文ではシフトの原因について、外交や経済、戦略の各面でのアジア・太平洋への包括的な関与が必要になったと述べる一方、同時に中国に最大の記述を費やしていた。しかも「中国の軍事力の近代化と拡大」や「中国の軍事的意図の不透明さ」という言葉を前面に出していた。

そして、対中関与の重要性をうたいながらも、「公海の航行の自由」を再三、強調して、中国の南シナ海などでの傍若無人の行動に警告を発していた。だからこのシフトの理由は中国だという帰結が成立するわけだった。

パネッタ長官も、アメリカがこれからアジア・太平洋戦略を重視する背景として、次のように具体的に語っていた。

「中国が軍事力の近代化を急速に進め、しかも透明性を欠き、東シナ海や南シナ海で威嚇的な行動をとっている」

一見強硬な対中政策も内実は宥和政策

アメリカの新戦略の理由は中国の最近の動向がその背景となっているという説明だった。

ではオバマ政権はこの新しいアジア・シフト戦略として、具体的にどのような措置をとろうとしたのか。パネッタ、クリントン両長官の発言などを総合すると、以下のような意図が浮かびあがっていた。ただしあくまでこの新戦略の打ちあげの2011年10月ごろの時点で公表された「意図」である。

▽日本と韓国という年来の同盟相手との防衛のきずなを強め、深める。
▽オーストラリアの米軍駐留規模を拡大し、合同演習を増す。
▽シンガポールに沿岸警備艦艇を配備し、太平洋からインド洋にかけての警備活動を強める。
▽フィリピンへのアメリカ艦艇の寄港を増やし、地元テロ対策部隊の訓練にあたる。
▽中断してきたインドネシア軍の訓練を再開する。
▽インドやベトナムとの防衛交流を進める。

クリントン国務長官は、アメリカのこうした動きを「新しい世界の現実への対応」とも形容した。その具体的な措置の連携相手である日本、韓国、オーストラリア、シンガポール、フィリピン、インドネシア、インド、ベトナムと、これら各国を線で結べば、中国を大きく取り囲む円が描かれる。中国包囲網というのは大げさだろうが、その動きの主対象があくまで中国であることを示す地理的な構図がはっきりと浮かぶとはいえよう。要するにこの新たなアメリカの意図は対中新政策のように映ったのだった。

しかしオバマ政権のこうした一見、強固にみえる対中政策も実は本来の姿勢ではなかった。オバマ政権は2009年1月の発足当時は中国に対して非常にソフトで遠慮がちで宥和的な態度をとったのだ。中国に対して、けなげなほどにへりくだった姿勢だった。

そのころのワシントンでの対中関係を評する言葉はまず「関与」そして「ステークホルダー（利害共有者）」だった。アメリカと中国が二国だけで世界の先導役を務めるという意味の「G2」という用語さえも政策目標として語る人たちがオバマ政権内外に存在した。中国の人権弾圧への非難さえも差し控えるようになった。オバマ大統領自身の考え方を当然、反映した傾向だった。

この対中融和政策の大目標は中国がいまの国際的な秩序や体制にその既存のルールを守りながら加わるという展望だった。

戦後の国際秩序はやはりアメリカ主導である。安全保障面ではアジアでも欧州でも米軍の前方配備や核抑止力により平和や安定が保たれ、繁栄が生まれた。政治面でもアメリカ主導の民主主義諸国が国連を使いながら、自由や人権という普遍的な価値観を拡大した。経済面でも自由市場経済を主体に世界貿易機関（WTO）の結成はアメリカが最大の推進役を担った。

オバマ政権は中国が責任ある主要国としてこの国際的な秩序や社会にスムーズに加わることを求めたのである。

だが結果は失敗だった。

アメリカを標的とした中国の軍事行動

中国が既成の国際的な秩序や合意を無視して行動する事例があいついだ。その結果、アメリカ側では「G2は幻想だった」という失望までが表明されるようになった。

オバマ政権をとくに失望させ、警戒させたのは中国の軍事面での動きだった。中国がこ20年も「近代化」の名の下に大規模な軍拡を進めていることは周知の事実だが、オバマ政権が登場する前後からどうみてもアメリカを最大の標的としたとしか思えない軍事的な動きをさらに新たにとり続けるようになったのである。

たとえば以下のような出来事があった。

▽中国は明らかにアメリカ側の人工衛星を標的として想定する衛星破壊ミサイルの実験を断行した。

▽中国軍は、台湾有事などで米軍部隊の接近を阻む「接近阻止」策を強調し、そのために米側の空母などを標的とする対艦弾道ミサイルを開発した。
▽中国軍は初の空母の配備に加え、新鋭のステルス戦闘機の開発に乗り出した。
▽中国軍は米軍の中枢へのサイバー攻撃を頻繁に実行するようになった。
▽中国は南シナ海や東シナ海で増強した軍事力を誇示して、周辺諸国を威嚇する行動をとるようになった。

以上の動きのなかには衛星破壊実験のようにオバマ政権の登場以前に起きたケースもある。だが流れとしては中国の宇宙でのそうした軍事能力の増強はその後も続いているのだ。

予算を伴わない「アジア最重視」

オバマ政権は中国の顕著な軍拡にはもちろん気づき、懸念を抱いてはいたが、その懸念を自国の軍事面での新しい戦略の構築につなげるところまではしないままできた。ところが政権担当も2年余りが過ぎて、中国が単に軍事増強だけでなく、アメリカを対象としての新たな軍事手段をつぎつぎにとるようになったことが、いやというほど明白に示されたのだ。

その結果、中国に対してソフトな姿勢を保つことに努めたオバマ政権も、ついに軍事を含めての強固な対応策をある程度は示さざるを得なくなったのである。中国側の軍事増強志向をもう黙視してはいられないと判断したということだろう。それが「アジア最重視」や「アジア旋回」の新政策につながったわけである。

ただしその現実をはっきりとは指摘せず、中国を警戒や敵視しているわけではないと弁解し続ける点がいかにもオバマ政権らしいといえた。自主的に中国の潜在脅威を認めて、それなりの対応策をとったというわけではなく、中国側の強硬な軍事攻勢に押されて、しかたなく対策をとったという感じだったのだ。

そして「アジアへの旋回」政策が打ち出されてから1年半、2013年春の時点では、この政策はスローガンだけに終わっている。「旋回」を裏づける具体的な措置がなにもとられていないのだ。

オバマ政権は2012年3月にアメリカ海兵隊を新たにオーストラリア北部のダーウィンに駐留させることを発表した。「アジア・太平洋」という広い意味でのアジアへの旋回を思わせる措置だった。だが計画の内容をみると、すでに沖縄などアジアに配備されている海兵隊のうち２５００人ほどを６カ月交替のローテーションでダーウィンにおくという暫定的な性格の措置にすぎないことが明らかだった。

オバマ政権は２０１３年４月には朝鮮半島や日本に新鋭爆撃機Ｂ２や新型のレーダーを送りこむ措置をとった。これまたアジアへの旋回を思わせたが、実際には北朝鮮の軍事挑発に応じての臨時の動きだった。

しかし「アジアへの旋回」を証明する新部隊や新兵器のアジア配備というのはなにもないのである。２０１３会計年度と２０１４会計年度の国防予算をみても、「アジア最重視」を裏づける新たな予算措置はみあたらない。アメリカ政府全体の予算、とくに国防予算が大幅な削減を迫られているのだから一面、当然とはいえよう。となると、オバマ政権の日米同盟の増強というのも、予算面での実効は伴っていないということになる。このままだと「張子のトラ」となりかねないのだ。

核兵器全廃という前例のない言明

日米同盟はアメリカの「核のカサ」という面でも従来とは変わりつつある。「核のカサ」とはアメリカが有事に日本に供することを誓約している核抑止のことである。アメリカの同盟国に対する核戦力面での保護や防衛は拡大核抑止と呼ばれるが、オバマ大統領のユニークな政策のために、その抑止の実効力が弱くなってきたのだ。

この点の説明にはオバマ大統領の核兵器政策の特徴を報告することが必要となる。

オバマ大統領は核兵器に対してもアメリカらしくない方針を宣言した。核兵器をすべてなくしたいという意向を高らかに言明したのだった。これまたオバマ大統領のアメリカの軍事に対する異色の姿勢の象徴だった。こんなことを正面からの政策として語ったアメリカの大統領は前例がないのである。かつてロナルド・レーガン大統領も核兵器がなければよいと述べたことはあるが、修辞的な言明にすぎなかった。

オバマ大統領は就任して3カ月後の2009年4月、チェコの首都プラハで演説して、核兵器の全廃という目標を語ったのだった。

「アメリカは核兵器国として、そして核兵器を使ったことのある唯一の国として行動する道義的責任があります。アメリカだけではうまくいかないとはいえ、指導的な役割を果たすことはできます。今日、私は核兵器のない世界の平和と安全保障を追求するというアメリカとしての約束を明確に、かつ確信をもって表明します」

アメリカの大統領として核兵器全廃という目標の追求を誓ったのだった。この世界から人類を滅亡させかねない忌まわしい核兵器をすべてなくそうというのだから崇高な誓いである。しかもアメリカの広島と長崎への原爆投下という行為への「道義的責任」までを指摘していた。被爆者となった日本国民にとっては胸を打つ理想の誓いとしてひびくだろう。いかにも「希望と変革」というスローガンを掲げて登場した新大統領の清新さを集約したような演説だった。オバマ大統領はこの演説のためにその年の10月にはノーベル平和賞を受賞した。

しかしその核廃絶演説から4年余、二期目を迎えたオバマ大統領の目前に展開する世界は「核なき世界」とはほど遠い。むしろ核兵器は以前より広がっているのだ。

核武装化が進む各国

2013年6月時点での世界の核兵器の動向を眺めよう。

北朝鮮は核兵器の開発、とくに核弾頭の弾道ミサイルへの装備を試み、アメリカや日本にまでその核ミサイルを撃ちこむと威嚇する。イランは欧米諸国の必死の阻止にもかかわらず、北朝鮮と連携しての核兵器開発を断固として進めている。中国も公式の核兵器保有国のなかでは最も激しく核戦力を増強している。

ロシアも核兵器「近代化」の名の下にその性能を高めている。

インドとパキスタンは「核兵器不拡散条約（NPT）」の外にあって、それぞれ独自の核武装を達成した。アメリカも事実上、もう両国を公式の核保有国として認めるにいたった。イスラエルもひそかに核兵器を保有していると観測される。

オバマ大統領のプラハ演説とはまるで逆の方向へ核兵器保有の輪は大きく広がっているのだ。オバマ大統領の全廃演説にもかかわらず、多くの国が新たに核兵器を開発し、あるいは既存の核兵器を増強するのは、核に強烈な魅力があるからだろう。

日本の感覚からすれば、悪魔の魅惑とでも呼ぶべきか。魅力はまずはその兵器としての異様な破壊力だろう。ひとつの国家が核武装すれば、その持てる軍事力は飛躍的に強くなる。自国の防衛もケタ違いに堅固となり、対外的な影響力も発言力も増す。国家としての威信を高める。そんな認識だろう。核兵器への信奉だともいえる。

北朝鮮のように国民が飢餓に苦しむ貧しい国であっても、いったん核武装しそうだというと、全世界の注視を集める。超大国のアメリカからも非難されながらも、フルの注意や警戒を浴びる。潜在敵国という扱いながら対等に近い処遇を受ける。核兵器の威力としかいいようがないだろう。

インドやパキスタンにしても、核武装を果たすまではアメリカからはその核への動きを敵視され、非難され、ないがしろに扱われてきた。ところがいったん核兵器の開発と配備を確実に果たしたとわかると、アメリカだけでなく国際社会の態度が変わってしまうのである。丁重で慎重になるのだ。国家の対外的な重みには核保有がものすごいプラスとなることの証明だろう。

このへんは核兵器の犠牲となり、核といえば無条件に排除する核アレルギーの日本にとっては、あまりに異質の、あまりに受け入れがたい現実だといえよう。

だが現実の国際社会では核兵器を「持つ国」と「持たない国」との国家としての迫力や重みの違いは、どうにも否定できない。

そのうえに個々の主権国家にとって自国の独立や領土を守るための防衛面では核兵器は強大な武器となる。効率や威力の高い防衛力ともなる。だから核兵器自体の破壊性の邪悪さがわかっていても、その保有に必死となる国が後を絶たないわけだ。核廃絶という理想の実現もこの点にこそ難しさがある。

オバマ大統領もその点は承知していて、プラハ演説でも次のように述べていた。

核廃絶の強調で「核抑止」が軽視

「核兵器のない世界という目標はすぐには達成できないでしょう。おそらく私が生きている間にはできない。忍耐と粘り強さが必要です」

「アメリカの安全保障での核兵器の役割を減らすとともに、他の国にも同じ行動をとることを要請します。ただし核兵器が存在する限り、敵を抑止するための安全で厳重に管理された効果的な核戦力は維持します。そしてチェコを含む同盟諸国に対し核戦力による防衛を保証します」

オバマ大統領は核兵器による「敵の抑止」という言葉を使った。同時に同盟諸国への「核戦力による防衛の保証」という表現をも強調した。いずれも核兵器の目的であり、効用だといえよう。歴代のアメリカ政権が核兵器について堅持してきた原則であり、戦略でもあった。

だがオバマ大統領はこの伝統的な基本を「核廃絶」をより強く打ち出すことによって、すっかり弱めてしまうというふうなのである。

核兵器はその大量破壊力のために非人道的で危険で邪悪性を感じさせる。一般の日本人なら自然な受けとめ方だろう。ところが核兵器にはその一方で「抑止」という効用が認められているのだ。

核兵器が実際に使われたのは周知のように1945年8月である。広島と長崎にその投下を命じたのはトルーマン大統領だった。核兵器は開発されたばかりだった。以来、70年近く、核兵器はアメリカにとっては自国の防衛や対外的な戦略の究極の武器となってきた。自国を守る際の最終最強の防衛は核戦力なのである。

この防衛の基本はトルーマン大統領からオバマ氏のすぐ前任のジョージ・W・ブッシュ大統領にいたるまで11人の民主、共和両党の大統領によって堅持されてきた。

東西冷戦でアメリカとソ連がともに多数の核兵器を配備して対決した年月、平和が守られたのは核の抑止力のせいだったというのは、国際的にはすでに定着した見解である。

万が一にも核を使った戦争が起きれば、人類が滅亡しかねない大被害を生じる。だから核戦争は絶対に避ける。核兵器を保有した国同士はそんな相互への認識を持ち、核武装にも一定の自己規律を課する。そのうえで自衛のため、あるいは攻撃のための核の威力を顕示する。その結果、核を使わない戦争でさえも自粛されてしまう。

ごく簡単にいえば、以上がこれまでの核抑止のメカニズムだった。

冷戦中のアメリカとソ連との間には「相互確証破壊」という抑止の機能があった。両国いずれも、もし戦争へと踏み切れば、ともに壊滅に近い破壊を確実に受ける。だからそんな戦争はできない。そうした構造の抑止だった。

ところがオバマ大統領は核兵器の「廃絶」を強調するあまり、年来の「抑止」を軽視するような姿勢なのである。その姿勢に対し核戦略や核兵器の専門家たちは深刻な懸念を表明する。その一員、国防総省の防衛核兵器局の局長だった元海軍中将ロバート・モンロー氏が以下の骨子の論文を2013年3月に発表していた。

「オバマ大統領はアメリカの歴代大統領が継承してきた核抑止政策を逆転させた。核兵器は邪悪だから全廃棄するべきだと宣言し、核の効用を無視したのだ」

「その結果、4年以上が過ぎて、アメリカはいまや危険な斜面をずり落ちている。アメリカの核兵器の能力は激しく衰え始めた。オバマ大統領の求める『核のない世界』というのは実現不可能であり、不当である。しかしオバマ政権はなお幻想の目標に向かって、既存の核兵器の一方的な削減や縮小、開発の中止など危険な措置をつぎつぎにとっている。オバマ政権の発表した『核態勢調査』は核抑止の弱体化をもっぱら目指している」

こうした批判も新しい時代にはそぐわない点もあることだろう。だがこの種の激しい反対はオバマ政権の核政策がどれほど画期的な変化を求め、どれほど年来の「アメリカらしさ」からは離れていこうとしているかを明示しているといえよう。

ほころびだらけの日本への「核のカサ」

アメリカのこの核抑止力のあり方は実は日米同盟をも左右する。アメリカの核抑止、厳密には拡大核抑止は一貫して日米同盟の大きな柱とされてきたからだ。日米同盟でのアメリカの日本防衛の究極の保証だともいえる。

アメリカが自国への軍事脅威に対して最終の場合は核戦力を使ってでも対抗するという能力と意思はふつうに核抑止とされるが、アメリカ本国でなく他の諸国、つまり同盟諸国への軍事の脅威や攻撃に対しても、どうしても必要となれば核を使うという宣言は「拡大核抑止」と呼ばれる。自国だけを守るための核抑止が同盟諸国への「核のカサ」として拡大されるという意味である。

だから東西冷戦でアメリカとソ連が対決したときも、ソ連がもし日本に核攻撃をかければ、アメリカはソ連に対して核の反撃をすると宣言していた。その宣言が100%絶対に実行されるかどうかは完全な保証はなかったにせよ、もしかして実行されるかもしれないという可能性だけでも、ソ連側の攻撃を抑えるだけの効果があった。アメリカの日本への拡大核抑止が機能したのだ。いわゆる「核のカサ」だった。この機能は日本側の防衛政策でも最終の防衛保証として明記されてきた。

いまの日本にとっての関心は中国や北朝鮮が日本を核攻撃したときに、アメリカが従来の拡大抑止を機能させて、核の反撃をするのかどうか、である。つまりアメリカの「核のカサ」はきちんと機能するかどうか、だ。

拡大抑止には段階がある。敵の攻撃の内容により、敵の中枢を全面的な核攻撃で壊滅させるのか、それとも特定の地域や部分だけを破壊するのか、という段階の区分である。その多層の段階での核戦力が整備されていれば、全体としての拡大抑止はその威力や効率を高めるわけだ。

たとえば中国が日本への核ミサイル攻撃を考えた場合、アメリカも中国に核反撃を加える姿勢をみせれば、中国側はその攻撃を差し控える。拡大抑止の機能である。だがその機能が実効力を持つためには、アメリカ側は中国への中枢攻撃や前線攻撃など核攻撃能力を多様な段階に分けて、それぞれ整備しておかねばならない。

ところがオバマ政権は核戦力をその段階別の目的を考えずに、とにかく全体的な削減をしようというのだ。

中国が日本に核の威嚇や攻撃を加える場合、中距離、準中距離の弾道ミサイルを使う確率が最も高い。中国は近年、そのクラスの核弾道ミサイルを大増強してきた。その一方、オバマ政権は日本にとっては拡大核抑止の象徴だった核弾頭装備の中距離トマホーク巡航ミサイルを全廃してしまった。核抑止の同じレベルで中国に対抗すべき中距離、準中距離の弾道ミサイルはアメリカ側ではゼロに近くなってしまったのだ。

他方、中国はアメリカ本土の中枢を攻撃できる大陸間核弾道ミサイル（ＩＣＢＭ）をも増強している。アメリカにとって日本との同盟のために中国に核攻撃をかければ、自国の首都までが破壊されてしまう危険性が高くなってきたのだ。その結果、日本への拡大核抑止を機能させることをますますためらうこととなる。中国や北朝鮮の日本に対する核の脅威に対抗するアメリカ側の拡大核抑止の手段がどんどん少なくなってきたわけだ。日本への「核のカサ」はほころびだらけとなってきたのである。

アメリカは尖閣問題に対して中立を保つ

核戦力に限らず、アメリカが日本の防衛のために中国との全面的な軍事衝突をも辞さないという見通しには、深刻な暗雲が濃くなってきた。２０１３年４月、新任のジョン・ケリー国務長官が中国を訪問した際も、北朝鮮の軍事挑発という目前の危機への対応に迫られてはいたものの、中国に対しては協力を請い願うという、へりくだりの態度だった。

ケリー長官は、北朝鮮から核ミサイルを撃ちこむと脅されてもなお、北との対話を求めるほどだった。とにかく軍事的な対決や衝突を避けて、協調的に、というスタンスなのだ。

尖閣問題にしてもオバマ政権は主権の帰属については日本と中国との間で、まったく中立の立場を崩さない。「日米安保条約が尖閣に適用される」と述べ、尖閣が攻撃された場合の日本側への支援を示唆するとはいえ、はっきりと米軍が尖閣防衛にあたるという見通しは決して述べはしない。日本は条約に基づく同盟国であり、中国は競合国、場合によっては潜在敵国でさえあるのに、両国をまったく均等に扱うのである。

だからもし日本側でオバマ政権の唱える「日米同盟を堅持」という標語が尖閣防衛もすべて米軍に任せられると思いこむとすれば、それは明らかに幻想となる。オバマ政権が公式に述べる「日米安保条約の尖閣への適用」も、有事にはまず日本の自衛隊の出動があってこその米軍の支援を意味するのだ。

そのうえに最近ではオバマ政権に近いアメリカ海軍の専門家から米軍は尖閣諸島の防衛のための戦闘には加わるなという提言が出た。ワシントンの戦略研究機関「海軍分析センター」の上級研究員マイケル・マクデビット氏が2013年4月4日の連邦議会の米中経済安保調査委員会の公聴会で次のような証言をしたのだった。

「(たとえ中国が尖閣を攻撃しても)アメリカはこの無人島をめぐって中国人民解放軍との直接の戦闘に入ることを避けるべきです。尖閣諸島にはもともと住民はいません。戦略的な価値も少ない。本来、価値のある島ではないのです」

マクデビット氏はアメリカ海軍で少将まで務めた軍人である。三十余年の軍務をほとんどアジア関連で過ごし、駆逐艦や航空母艦の艦長、太平洋統合軍の戦略部長、国防長官直属の東アジア政策部長などを歴任した。政治的にもオバマ政権に近いとされる。

同氏はさらに述べた。

「尖閣の防衛はあくまで日本が主導を果たすべきです。アメリカは有事には偵察、兵站、技術助言など基本的に必要な後方支援をすればよいでしょう。米軍が日本防衛のために中国人民解放軍と戦闘をするのは日本の本土防衛にのみ限るべきです。ホワイトハウスはこの点を明確にすべきです」

この提案が政策となれば、日米同盟の根底からの改変、そして縮小となる。オバマ政権がそんな新政策を打ち出したわけではない。しかし政権に近い位置にいる専門家からこのような大胆な提案が出てきたこと自体は日本側としても注視すべきであろう。

リベラル派・女性歴史学者の日米同盟解消論

アメリカ側にはさらに激しい日米同盟改変論もある。同盟解消論と呼ぶほうが正確な提案である。政治的スタンスとしてはオバマ大統領と同じリベラル派の気鋭の女性歴史学者の提言だった。

人気のある著書でいま知名度を高めているサンディエゴ州立大学のエリザベス・コブス・ホフマン教授がニューヨーク・タイムズ2013年3月4日付に発表した一文だった。「カムホーム、アメリカ」と題されたこの寄稿論文は文字どおり米軍の日本からの撤退を呼びかけていた。

「イラクとアフガニスタンからの米軍撤退というならば、ドイツと日本からの撤退はどうだろうか。ソ連の脅威に備えて配備されたドイツや日本の駐留米軍の意義はもう時代遅れである。日本にはもう自分で自国を防衛する能力が完全にある。世界を守るのに軍事力は必要だが、日本などの豊かな同盟国はアメリカのその負担を引き継ぐべき時期がきた」

ホフマン教授はこんな主旨の意見を述べていた。そして米軍の「カムホーム」の理由としてまず財政の要因をあげるのだった。

「アメリカ政府は予算の強制削減で今年度だけでも850億ドルを減らし、しかもその半分が国防費の削減となる時代なのだ」

だからもう外国の防衛にアメリカの経費は使えないというのである。

過激な主張である。繰り返すが、もちろんのこと、オバマ政権の政策とは異なる。しかし民間からにせよ、このような意見が出てくるという現実はオバマ大統領自身の認識の変容をも十分に示唆するように思えるのだ。

日本にとって自国の防衛や安全保障はとにかくアメリカに任せておけばよいという過去60年もの「常識」は、いまや大きな変革の曲がり角を迎えたのだといえよう。日米同盟だけが日本の安全保障のすべてだという認識はもはや虚妄や錯誤となりつつある。日米同盟への全面依存は日本側にとっての幻想になりつつある。オバマ大統領の「アメリカらしさ」の放棄は、そんなことまでも実感させるのである。

第四章

アメリカが裂ける

深化するアメリカ国民の間の対立

「二つのアメリカ」といえようか。アメリカ合衆国が分断されていくようなのだ。これまで述べてきたように、「アメリカらしさ」がどんどん減って、新しい特徴が広がる。しかし従来のアメリカは現状を守る姿勢を変えず、新しいアメリカと衝突する。両者の断層はますます深くなる。国家のあり方、政府のあり方、そして社会のあり方をめぐる考え方の違いから起きるアメリカ国民の分断、分裂なのだ。

この現象を進める最大のエンジンはバラク・フセイン・オバマ大統領である。オバマ大統領のこれまで4年余の統治はアメリカ国民の間の対立を歴史的ともいえるほど深く、険しくしてしまった。

その背景にはオバマ政権一期目の4年間、アメリカの経済は不振を続け、とくに失業率が9%台にまで上がってしまったという苦境がある。さらにその背景には政府の財政赤字がオバマ大統領の「就任期間4年で半減する」という公約にもかかわらず、累積16兆ドルという巨額にまでふくれあがり続けてきたという、さらに大きな影が広がるのだ。この財政や経済の苦境を原因とするアメリカの内政問題は深刻である。

これまでの三章でオバマ氏の世界観や対外政策の特徴を報告してきた。だが実は彼の最も彼らしい思考というのはアメリカの内政に対してなのである。

２０１２年の大統領選挙でも世論調査で有権者に「なにが最大の争点だと思うか」と問うと、外交と答える人は全体のわずか5％前後だった。残りは経済、福祉、財政、テロなどみな国内問題を最大争点としてあげるのだった。

オバマ氏の内政志向にもこの国民の意識がかなり反映されてはいるが、そもそもバラク・オバマという人物は国内問題を関心の主対象にしてきた政治活動家なのである。

オバマ思想は社会主義!?

オバマ大統領の再選が決まった翌日の２０１２年11月7日朝、首都ワシントン地区で人気の高いラジオ局ＷＭＡＬの放送で「インターナショナル」のメロディーが流れた。旧ソ連の国歌だったあの革命歌である。日本語版では「いざ、たたかわん、いざ〜〜ああ、インターナショナル」という歌詞で知られている。

「この国でもついに社会主義が勝利を飾りました」

音楽に合わせて、このラジオ局の政治トークショーのホスト、クリス・プラント氏が熱をこめた口調で語った。

おふざけながらも、オバマ氏の再度の勝利はアメリカの社会主義化の勝利だと評するのである。本来は共産主義や社会主義に最も反対してきたはずのアメリカがオバマ大統領の再選によってついに社会主義の国になってしまう、とまで嘆くのだ。

冗談半分にせよ、オバマ大統領の政策やイデオロギーに反対してきた側にとっては、自国の国歌が「インターナショナル」になってしまったほどのショッキングな事態だということだろう。プラント氏は当然ながらオバマ氏とは反対側の保守派である。

ちなみにこの「クリス・プラント・ショー」という番組は月曜から金曜まで週5回、しかも1回3時間という長さの全米レベルの人気放送である。アメリカのラジオにはプラント氏のように保守色を鮮明にした政治評論家たちの番組が多い。後述するように、テレビや新聞では反保守、非保守のリベラリズム志向が強いのだ。

とにかくオバマ大統領の思想は反オバマ陣営からは社会主義と呼ばれるほど反発が激しいのである。

しかしアメリカ国民の多数派は2012年11月の大統領選挙で明らかにオバマ氏を支持した。アメリカの選挙独自の各州「選挙人」の争奪では、民主党のオバマ氏が共和党のミット・ロムニー候補に合計332対206と、大差をつけて、当選した。

だが得票総数ではオバマ氏が約6590万票だったのに対し、ロムニー氏は6093万票を得た。その差は497万票、51%と47%と、わずか4ポイント差だった。アメリカ国民全体としての信任がオバマ氏に託されたとはいえ、6100万人ほどの国民がオバマ大統領の再選には明確なノーを突きつけていたのだ。

ということは、オバマ大統領が一期目の4年間に示した政策やイデオロギーに正面から反対して、保守主義を掲げて選挙キャンペーンを展開したロムニー氏に6100万人の有権者が賛意をみせたことを意味する。反オバマ勢力が決して超少数派ではないのである。

そしてその反オバマ勢力がオバマ政治を社会主義に等しいとして激しく拒むのだ。

リベラリズムvs保守主義

反オバマ勢力の広範さは大統領選挙と同時に催された連邦議会の議員選挙をみてもよくわかる。上下両院のうち下院議員の選挙では議席総数435のところ共和党が234、民主党が201と、かなりの差をつけたのだ。この結果、下院は野党の共和党が多数をとり、各委員会の委員長ポストなども独占して、オバマ政治への反対を一貫して表明している。

オバマ大統領の政治理念が社会主義とまではいかなくても、リベラリズムであることはだれも否定しないだろう。そのリベラリズムに対抗するのが保守主義（コンサーバティズム）である。アメリカの政治では近年は民主党がリベラル志向、共和党が保守主義志向をみせてきた。とくに大統領選挙では年来、その両党のイデオロギーの差ははっきりと示される。

ではこのリベラリズムと保守主義とでは、どこがどう異なるのか。

いまでは日本でもすでに常識に近い認識があるが、本書の主題「オバマのアメリカ」の特殊性を多角的に解説するために、もう一度、基本のおさらいをしておこう。ただしこの二つの理念が対外政策ではどのように異なるかは、すでにこれまでにさまざまな角度から報告してきた。

リベラリズムも保守主義も、基本は政府が国民をどう統治するかの考え方である。現実の民主主義の政治では国民がどのような統治を目指す政権を選ぶかが、イデオロギーの選択となる。

リベラルも保守も、日本での意味とはかなり異なる部分もある。

アメリカでは、よくリベラリズムは「大きな政府」、保守主義は「小さな政府」とも評される。国民に対する政府の役割のあり方の違いを指すわけだ。

リベラリズムは政府が国民の活動にできるだけ多く介入し、支援し、管理すべきだという思考だといえる。経済活動でも社会福祉でも、政府の規制や補助が大きいほうがよい。産業分野でも政府が直接に関与する。産業の規制を厳しくする。福祉でも貧しい層、高齢の層、病んだ層などへの政府支援はできるだけ多くする。政府ができるだけ多く国民の世話をするというイデオロギーだともいえる。

リベラリズムは弱者や貧者への思いやりに重点をおき、その救済には国民が選んだ政府が責任をもってあたるという骨子だともいえよう。社会福祉では貧困救済や高齢者救済、医療補助など、政府の責任を大にするわけだ。その結果、一般国民への税金は高くなる。

経済でも特定の産業分野では政府が直接に生産の活動に関与する。景気の回復でも公共事業を増大して、刺激を図る。

こうした思考のリベラリズムは人間の性悪説に拠っているともいえそうだ。人間は集団でも個人でも、放置して、自由にさせておくと、結局はよい方向に動かない。人間の「情」に駆られる動きは「公」や「理」で機能する政府の管理がないと、暴走や混乱へと向かいかねない。だから「大きな政府」が必要だというわけである。個人よりも集団の機能を重視しがちにもなる。この考え方をずっと推し進めていくと、社会主義や共産主義にまでいたることになる。

社会問題でもアメリカの憲法で個人に保持が認められている銃砲に対してはリベラル派はより多くの規制を求める。逆に同性愛や妊娠中絶となると、自由を主張する。

以上のような考え方がリベラリズムだといえる。

「政府こそが問題なのです」レーガン保守主義革命

アメリカのリベラリズムが現実の政治に本格的に導入されたのは、1933年に登場した民主党のフランクリン・D・ルーズベルト大統領時代からだとされる。大恐慌の後期のそのころ、ルーズベルト大統領はその一連の救済策を「ニューディール政策」と名づけ、体系的に打ち出した。その主体が公共事業の拡大による雇用の創出という「大きな政府」策だった。

この政策が当時のアメリカ国民の支持を得て主流派のイデオロギーとなり、基本の流れとしては1970年代後半まで、その状態が続いたといえる。しかし70年代後半の民主党ジミー・カーター大統領のリベラル施策が大きなほころびをみせ、主流の思想は保守主義にとってかわられた。その旗手が１９８０年の選挙で現職のカーター大統領を大敗させてホワイトハウス入りを果たした共和党のロナルド・レーガン氏だった。

レーガン氏はリベラル派の「大きな政府」論を正面から否定した。

「政府は私たちの問題の解決策ではありません。政府こそが問題なのです」

この言葉はレーガン語録のなかでも最も有名だろう。個人でも集団でも人間の活動には政府の介入は少なければ少ないほどよい、という哲学の総括だった。

アメリカではこうした「小さな政府」の保守主義はレーガン時代よりも前にももちろん存在したが、国政の場での主流イデオロギーとして認知されることはほとんどなかった。だからこそ「レーガン保守主義革命」などという表現が使われるのである。

レーガン大統領は経済面では政府の規制や補助を緩和し、撤廃し、自由な競争を奨励した。自由な市場経済を礼賛した。個人の自由こそが社会全体、そして国家をも盛りあげていくという考え方を鮮明にした。弱者や貧者の救済も公的福祉の必要を認めながらも、個人の自助努力を強調した。政府支出を大幅に削り、広範な減税を実施した。

その結果、雇用が増大し、経済が浮上した。

この「保守革命」を推進したレーガン氏は広い国民層から救世主のようにあがめられた。

「私たちは自助努力、自己規律、道義、そしてまずなによりも、すべての個人の責任ある自由を保つことによって、全世界のなお障害を抱えた他の人々にとって（アメリカ合衆国が）丘の上に輝く町となるでしょう」

レーガン氏のこの言葉は明らかに政府の役割ではなく、個人の努力の価値こそを高らかにうたっていた。

この保守主義は個人の自由を抑圧する共産主義体制への反発が強く、ソ連の軍事脅威に対する強固な軍事パワーの構築を進めた。レーガン政権は共産主義のソ連との対決を恐れず、ソ連を破綻へと追いこんでいったのだった。

保守主義はアメリカ社会の伝統的価値観を重視した。家族や宗教の重要性を説き、同性愛や妊娠中絶にははっきりと反対の態度をみせた。銃砲規制にも反対だった。

もちろんこうした保守主義とリベラリズムとが白と黒というふうに直線ではっきり区分されていたわけではない。特定の政策でも保守の要因とリベラルの要因が混じりあうというのが現実の政治だった。

だがそれでもなおレーガン時代以降、アメリカの基本の政治理念としては保守主義がリベラリズムを圧して、後退させるという流れが明白だった。リベラリズムのイメージも実態も、カーター政権の失態のために、すっかり降下して、「リベラル」という言葉自体が政治の世界ではネガティブという状態にまでなった。

「真のオバマ」はどのような政治イデオロギーを信じているのか

「あなたは自分を保守とみなしますか、それともリベラルとみなしますか」

こういう問いかけの世論調査に対し1980年代、90年代のアメリカ国民の30％台なかばから40％ほどが「保守」と答え、十数％から20％ほどが「リベラル」と答えるという基調がずっと続いた。

1993年1月にホワイトハウス入りした民主党のビル・クリントン大統領も、社会福祉政策を効率化し、縮小するなど、従来のリベラル政策を薄める措置をつぎつぎにとった。保守寄りの中道路線を目指したのだ。

アメリカ国民の多数派が自分自身を「保守」だとみなす傾向はなおその後も続いた。現在の世論調査でも同様の結果が出ることが多い。ただし保守でもリベラルでもない「中道」と答える人の数が増し、またリベラリズムへの反発も減ったということである。

2008年11月の大統領選挙はこうした政治潮流のなかで催された。新しい星とされたオバマ氏は上院議員としての軌跡が超リベラルであることは知られていても、なおそのリベラル色を薄めて選挙戦を展開した。

すでに報告したように上院議員時代のオバマ氏のリベラル傾斜は過激といえるほどだった。民主党リベラル派議員の常として労働組合からの支援が強いため、アメリカ労働者の雇用を減らすと懸念された北米自由貿易協定（ＮＡＦＴＡ）に反対した。外国に生産施設を移すアメリカ企業に特別の課税をするという法案も促進した。アメリカ大陸沿岸での石油開発にも反対だった。原子力発電所の建設にも反対した。

ところがオバマ氏は以上の一連の主張は２００８年の大統領選に立候補すると、みな撤回してしまった。超リベラルのイメージからの脱却だった。

オバマ氏の当選後の政策や人事をみても、クリントン政権の中道カラーを引き継ぐような形跡が濃かった。ところがそのうちにまたリベラル色を増していく。そしてやがてはオバマ大統領は、超リベラルと呼ばれても当然のイデオロギーの持ち主であることを明らかにする施策や言動を打ち出していくのだった。

オバマ氏が最初の大統領選挙で当選してから彼が本当はどのような政治イデオロギーを信じているのか、「真のオバマ」とはどんな特徴があるのか、という分析の試みが改めて幅広く展開された。当初はさまざまな答えが錯綜した。要するに政治リーダーとしてのオバマ氏にはなおナゾが多く、読みにくい人物だったのである。

しかしいま振り返れば、当時、まさに正解だった分析があった。著名な政治評論家チャールズ・クラウトハマー氏の読みだった。同氏は全体としては保守派だが、オバマ氏には賞賛の言葉を贈ることも多かった。

そのクラウトハマー氏がオバマ氏の当選から1カ月ほど後の2008年12月12日付のワシントン・ポストに「真のオバマ」と題するコラムを書き、そのなかで以下のように述べていたのだ。

「オバマ氏は自分自身を世界の歴史に残る人物だとみており、アメリカを変容させることをみずからの任務だとみなしている。その任務とはアメリカの政府と国民との間に新しい関係を築くことなのだ」

「オバマ氏は実は外交にはさほど興味はない。対外関係を安定させ、自分独自の国内政策の推進に集中できるようにしたいだけなのだ。彼は経済にも本当はそれほどの関心はなく、国内政策の安定の前提条件とみるにすぎない。彼が真に関心があるのはただ一点、政府と国民の関係を変え、政府が民間に大幅に介入するようにすることだけだ」

要するにオバマ氏はただただアメリカ内政に関心を集中させ、政府と国民の間の関係を変えていきたいと願っている、という分析だった。その関係の変化というのは、もちろん政府がこれまでよりずっと深く広く国民の活動に踏みこんでいくような関係にするという意味だった。

当時はクラウトハマー氏のこの分析はそれほど注視はされなかった。なにしろオバマ氏は大統領に当選したばかりで、実際に就任はしていなかったのだ。未知の部分があまりに多かったのである。だがいまみれば、この分析はまさに正鵠を射た指摘だったといえる。

オバマはアメリカを社会主義共和国に変容させようとしている!?

オバマ氏の政策表明は複雑な軌跡を描いたとはいえ、共和党側はごく早い時期から同氏を「社会主義者」と評していた。最初にこのレッテルをはっきりと打ち出したのは2008年大統領選挙での共和党側正副候補だったジョン・マケイン上院議員とサラ・ペイリン・アラスカ州知事（当時）だった。後述するオバマ氏の高所得層への増税案や医療保険の国営化案を理由にあげての非難だった。

アメリカの国政で「社会主義者」というのは非難の対象なのである。選挙の戦いでの攻撃とはいえ、その背後にはアメリカは国家も社会も個人や民間の自由を尊重することが大前提であり、国民一般は社会主義には反発するという認識があった。だから民主党のオバマ陣営もこのときは、社会主義者という形容を根拠のないレッテルとして排除していた。

しかし共和党側の非難もエスカレートした。

オバマ氏がホワイトハウス入りして一カ月後の2009年2月下旬にワシントンで開かれた「全米保守政治行動会議」では共和党や保守派からまずオバマ大統領が初めて提示した予算案の骨子を「社会主義化」として非難する声があいついだ。

この保守派の行動会議では前年の大統領選でも予備選で有力候補となったマイク・ハッカビー前アーカンソー州知事は「オバマ大統領はアメリカを社会主義共和国に変容させようとしており、レーニンやスターリンは大歓迎するでしょう」と皮肉った。サウスカロライナ州選出の共和党のジム・デミント上院議員は「オバマ氏はいまの世界では社会主義のセールスマンとしてはベストです」と語った。オバマ陣営は「社会主義」の非難を当然、否定した。

ときには誇張ぎみの共和党側のこうしたオバマ批判がオバマ陣営のさらに激しい反発を招き、アメリカ全体の分裂を先鋭にしていく側面も大きかったといえよう。

しかしオバマ氏の思考を社会主義だと評する向きは、保守主義陣営だけに留まらなかった。その理由はごく客観的にみても、オバマ大統領の政策や態度には確かに社会主義的なカラーの要因があったからだろう。

オバマ大統領が初就任して1カ月の2009年2月中旬、大手週刊誌ニューズウィークが表紙に「私たちはいまやみな社会主義者なのだ」という大見出しを掲げての巻頭記事を掲載した。ニューズウィークは論調としては一貫して明らかに民主党寄り、オバマ支持でもあった。

この記事は以下が主旨だった。

「オバマ大統領は破綻したアメリカの大企業をつぎつぎに公費の投入で救済し始めた。景気対策でも民間経済の回復に総額1兆ドルもの公的資金を投入した。政府によるこのような大規模な民間介入は社会主義的な色彩が濃い。2009年のアメリカはすでに社会主義的なヨーロッパ諸国へと近づいている」

オバマ大統領は事実、この時期から大手保険会社のAIGや主要自動車メーカーのクライスラー、GMなどの国有化を進めていった。これら大企業はいずれも「アメリカの顔」といえるほどの巨大会社、老舗企業だったが、みな経営の破綻に瀕し、存続の危機に面していた。

アメリカ本来の自由な市場経済、資本主義の慣行ならば、破綻企業はそのまま倒産とか消滅への道を歩むか、あるいはあくまで民間の他企業などからの資金で救済されるか、ということになる。だがオバマ大統領はためらわずに政府の介入という道を選んだのだ。

しかもオバマ大統領はこれら大企業に政府が任命した専門家を新たな経営陣として送りこみ、従来の経営陣の給料やボーナスが高すぎたとして新たな金額を設定までしていた。まさに企業の国有化であり、国営化だった。

社会主義式の管理なのである。

このニューズウィークの記事は次のようにも伝えていた。

「アメリカの政府支出は2000年の時点で対GDP比が34％で、欧州連合（EU）諸国平均の48％よりも14ポイントも低かった。しかし今回のような（社会主義的な）措置により、その差は2010年度には8ポイントにまで縮まるだろう」

アメリカのEU化だというのである。アメリカがフランスやスウェーデンという社会民主主義的な国家の財政構造に近づいているというのだ。まさに「政府と国民との関係」の変容である。

もっとも民間の大企業が危機を迎えた際に政府がその救済にあたることがそれ自体、悪いはずはない。公的資金、つまり国民の税金からの資金を特定企業の再建に使うことの道義的な是非ぐらいは問われるだろうが、アメリカ以外の諸国ではいくらでも起きる現象である。ましてアメリカは歴史的とされる経済不況や企業危機に襲われたのだから、その克服のために政府財政の出動があってもおかしくないだろう。

しかしアメリカの場合、この種の政府の介入は歴史上、きわめて珍しく、「アメリカらしさ」に反するとされる点が特徴となる。その種の政府の大幅介入には「アメリカの誇るべき伝統を奪う社会主義的な手法」として激しい反発が起きるのだ。

現にニューズウィーク記事が以下のように述べていた。

「共和党側ではこのオバマ大統領の国有化措置に対して『ヨーロッパ型の社会主義が経済を成長させないことはすでに立証されており、あくまでも民間の活力を伸ばすべきだ』（マイク・ペンス下院議員）というような反論が強い」

「メリーランド大学のピーター・モリシ経営学教授も『民間大企業の政府支出への全面依存はジェファーソン的アメリカ民主主義に反する。政府の役割は個人や企業の自助努力を助長するインフラ枠組みづくりに留まるべきなのだ』と主張していた」

この場合のジェファーソンというのはアメリカの独立宣言を起草した第3代大統領のトーマス・ジェファーソンのことである。1801年に大統領に就任したジェファーソンは「個人の権利」の至上を基とするアメリカ合衆国共和制の理想を実現させたリーダーとされ、国家や連邦政府の権利の制限をうたったことで知られる。国家の民間への介入は一定限度を超えると民主主義そのものに反すると説いた。モリシ教授の批判は国家に強大な権限を与える社会主義はそのジェファーソン的民主主義に反する、という主旨だった。

アメリカでももちろん国家や政府の機能の重要性は認知されてきた。すでに述べたフランクリン・D・ルーズベルト大統領以来のリベラリズム政治は政府の権限の発揮を重視していた。だがそれでもいまのオバマ大統領の大企業の国有化措置などにくらべれば、政府介入の次元は低かった。

オバマ大統領の社会主義的な政策はとくにレーガン大統領の「保守革命」をくつがえそうとする「超リベラル革命」ともいえそうなのだ。だからこそ保守派からの反発が激しいのである。

その種の反発は保守派だけに限らない。

前出のニューズウィーク記事は次のように報告していた。

「アメリカ国民の多数派はなお社会主義的な『大きな政府への依存』には難色を示すといえよう。オバマ政権も目前の経済危機が去れば、また従来のアメリカ式の『資本主義の自由市場スタイルの経済』に戻るだろう。だが現状では消費者も企業も景気回復の能力には欠けているため、政府の介入に期待する以外にない、というわけである」

要するにオバマ大統領の社会主義的な措置も臨時の対応なのだ、という意味である。確かにオバマ政権下のアメリカでも、社会主義に特有の生産手段の恒常的な全面国有化という現象はごく一部にしか起きていない。

ただしオバマ大統領のいまの社会主義的な措置が単に臨時の緊急の動きなのか、それとも大統領自身はもっと全面的に進めるつもりの変化の初段階なのか、まだ断じることはできない。確実なことはその動きをめぐりアメリカ内部が激しく分裂しているという現状である。

就任以来、一貫して高所得層への増税を主張

オバマ大統領の社会主義的な傾きを裏づける指針のひとつは、高所得層への敵意に近い姿勢だといえる。就任以来、一貫して高所得層への増税を強く激しく主張してきた。

「百万長者、億万長者たちの税制上の抜け道や特恵を排除しなければなりません。共和党側の予算案は国民すべてが取り組むべき財政赤字削減の作業で高所得層を不当に保護し、優遇しているのです」

オバマ大統領の2013年4月10日の言明だった。共和党側が下院予算委員長のポール・ライアン議員を中心として作成した2014会計年度予算案に対して、同大統領はすぐに拒否の態度を示した。そして「高所得層の優遇」を攻撃したのだった。

「百万長者、億万長者の特恵排除」という表現にも集約される高所得層へのこの厳しい態度はオバマ氏の一貫した姿勢である。2008年の最初の大統領選挙のころからまず「高所得層への増税」という形でその姿勢は示されてきた。オバマ氏は年間の所得が25万ドル以上の世帯を高所得層とみなし、その層だけを標的にした課税税率の引きあげを主張し続けたのだ。

オバマ大統領は2009年1月に就任してすぐに示した予算案でも、年間所得が25万ドル以上の世帯への所得税率をそれまでの33%から38%に、年間所得37万ドル以上の層は35%から39%へと引きあげる措置を盛りこんでいた。残りの中間所得層、低所得層には種々の減税措置が示されていた。

共和党側は当初からこの高所得層だけに照準を合わせての増税案には猛反対した。「高所得自体を悪のようにみなし、その層の富を収奪して、下に回す社会主義的な『富の再配分』だ」というのだった。

確かにオバマ大統領は高所得層に「百万長者や億万長者」というような批判をにじませた表現で言及することが多かった。「特権」「特恵」「抜け道」「金満」「貧富の格差」などという言葉で所得が多いこと自体がネガティブな現象のように語るのだ。

だがこの点も伝統的な「アメリカらしさ」には反することになる。貧乏な家の出でも、努力に努力を重ね、ビジネスで大成功して、巨額の富を得る、というのは「アメリカン・ドリーム」である。個人の努力や才能の傑出が平均よりも高い所得を生み出すことも、自由なアメリカ社会の伝統だったといえよう。現代でも少なくとも多数派のアメリカ国民にとってはそうだろう。

ましてオバマ大統領が「高所得層」として定義づけた税制上の設定は「年間所得25万ドル以上の世帯」だった。一世帯で夫と妻がともに働き、納税は夫婦合算申告だと、年収25万ドルというのはそれほどの高額ではない。個人で商店や企業を営む場合はなおさらのこと、夫婦合わせてのこの金額では高所得にはあてはまらないだろう。だからオバマ提案への一般の反対も多様だった。

この税率の問題はどの国でも、またどの時代でも、統治の基本イデオロギーそのものと結びつく難題である。どの国でも貧しく弱い層の救済としてのある程度の富の配分は欠かせない。低所得層から高い税率の税金をとることはできない。高所得層が税率の高い額を納めるのは当然とはいえ、課題はその累進税率をどこまで右肩上がりにするかである。労働党政権だった70年代のイギリスのように、最高税率が90％などとなると、経済や社会のエンジンである最も生産的な層は働く意欲を失うことになる。あるいは外国に拠点を移してしまうことにもなる。

「われわれは99パーセントだ」政治運動

一方、国家が豊かな層から多額の税金をとって、貧しい層に回す「富の再配分」というのは概念としては社会主義の基本である。もちろん再配分の比率をどうするかがカギとはいえ、アメリカでは「再配分」という考え自体が歓迎されてはこなかった。ルーズベルト大統領の「ニューディール政策」によるリベラリズム全盛時代でもそうだった。アメリカは本来、建国の精神からして社会主義の国ではないというのが常識とされてきたといえる。

だがオバマ大統領はこの一線を越えるような形で「貧富の格差をなくそう」と訴え、高所得自体が悪いことのように示唆して、富の再配分を事実上、進めようとするのである。

高所得者のなかには、弱者や貧者を搾取するような手段で不労収入を巨額に得る人たちもいるだろう。だが他方、人よりすぐれた才覚や発想で社会に大きく貢献し、その成果として巨額の収入を正当に得るという人も少なくない。国家や社会は一般にその種の先頭集団によって牽引されているともいえよう。

だがオバマ氏は明らかに高所得自体が好ましくないとするような考え方なのだ。しかも一定の所得層を非難して、そこから富を収奪し、他の所得層への救いの手にするという方法は共産主義の理論の階級闘争の扇動にもなにやら似てくるのである。

オバマ大統領のそんな傾向をもっと過激な方法で支持するように起きたのが「われわれは99パーセントだ」という名称の政治運動だった。２０１１年8月にこの名称の集団がニューヨークで旗上げし、アメリカ国民全体ではわずか1%にすぎない高所得者たちが残りの99%を収奪し、搾取していると宣言したのだ。実際にはアメリカ国税当局の調査によると、納税者のうちトップの1%を占めるのは年間所得35万ドル以上の層だった。

この運動の目標はまさに高所得層から多くの富を収奪して、下に回す「富の再配分」だった。発想としては社会主義にもつながる「結果の平等」重視のリベラリズム思考だといえる。

銀行を糾弾し、大手保険会社を非難

オバマ大統領は大企業やビジネス一般にも批判的とみなされる言動をたびたび明らかにしてきた。

同大統領は主要金融機関や大企業の集合場所とも呼べるニューヨークのウォール街への批判的な言辞を繰り返してきた。不況の原因として「ファット・キャット（腐敗した金満家、政治献金家）」というののしりの表現でウォール街を非難した。株式市場を監視するニューヨークの証券取引等監視委員会（SEC）の委員長には反ビジネスともされる超リベラル派の検事メリー・ジョー・ホワイト女史を任命した。

オバマ大統領は不況の原因に関連して銀行を糾弾し、大手保険会社を非難した。石油企業をも環境保護に関連して批判し、不当な巨利をむさぼっているとも述べた。

オバマ大統領はそのうえに全米最大のビジネス連合体である「全米商工会議所」にも2009年秋から正面からの攻撃を浴びせるようになった。全米商工会議所は参加企業約3

00万社で、アメリカのみならず、世界最大規模のビジネス連帯組織だとされる。

「全米商工会議所のロビー活動は不当であり、その資金が違法に外国から調達されている疑いがあります」

オバマ大統領は公開の演説でここまで激しく非難した。全米商工会議所がオバマ政権の国民皆保険的な医療保険改革案などに反対したことへの反撃にみえたが、その後も攻撃が長く続いた。大統領補佐官のバレリー・ジャレット氏は「この会議所が本当にアメリカのビジネス界を代表するかどうかが疑問だ」とまで述べて、対決の姿勢を鮮明にした。

オバマ大統領は「商工会議所はここ10年も合計5億ドルもの資金を政府や議会へのロビー工作に使って、消費者保護の政策を妨害してきた」とも言明した。その背景には明らかにオバマ氏の従来の反ビジネス志向がちらついていた。

全米商工会議所側もトム・ドナヒュー会頭が「オバマ政権の医療保険や金融、環境保護、労働条件などに関する規制は企業家精神を閉塞させ、ビジネス環境を抑圧する」とまともに再反撃した。2010年10月のことだった。

オバマ大統領のビジネス嫌いとも受けとれる傾向は2012年の大統領選挙での対抗馬の共和党ミット・ロムニー候補への攻撃でもあらわとなった。

オバマ大統領はこの選挙キャンペーンの最中の5月中旬、ロムニー候補のビジネス経歴の特定部分に対し「吸血鬼」という激しい言葉までを交えて、非難の矢を放ったのである。ビジネスマンとして大成功し、政界入りしたロムニー氏は1993年当時に経営していた投資会社「ベイン・キャピタル」によってカンザス州の鉄鋼企業を買収した。この企業は2001年に倒産し、750人が職を失った。だが「ベイン・キャピタル」はそのプロセスで巨額の利益を得ていた。

オバマ陣営は単に大統領がそのことを非難しただけでなく、テレビ宣伝などで倒産した企業の元社員の「生血を吸いあげられる思いだった」という言葉を引用して、ロムニー氏のビジネス歴を叩いたのである。その後もオバマ大統領によるベイン攻撃は執拗に続いた。だがやがて同じ民主党のビル・クリントン元大統領がオバマ大統領をたしなめるようなコメントを述べるにいたった。

「他企業への投資が悪い行動だという批判は適切ではないでしょう。ロムニー氏のビジネス経歴は立派だと思います」

ニュージャージー州ニューアーク市の民主党黒人市長コリー・ブッカー氏も同様の言明をして、オバマ大統領の攻撃を抑えた。やはりビジネスや企業自体への非難はまずいという配慮からだろう。

「ウォール街を占拠せよ!」を放置

さらにオバマ氏の反ビジネスの姿勢を裏づけるような結果となったのは「ウォール街占拠」の動きだった。

前述の「われわれは99パーセントだ」という左派の反体制組織が失業や不況、貧困などの理由はウォール街にあるとして、その金融センターや証券取引所への抗議デモを始めたのだ。2011年9月だった。

「ウォール街を占拠せよ!」という名の新たな組織が名乗りを上げた。そして一時は数千単位のデモ隊がウォール街の占拠を目指して、警官隊と衝突した。やがてウォール街近くのズコッティ公園に抗議の本拠をおき、連日のデモや集会を続けた。

この活動は首都ワシントンや中西部の商業センターのシカゴ、西海岸のビジネス拠点のロサンゼルスなどにも広がった。みな大企業や銀行への抗議や攻撃までを試みていた。ワシントンでもホワイトハウスに至近のマクファーソン広場に300人ほどがテントなどを張り、占拠の構えをとった。その占拠は何カ月も続いた。この広場は無秩序のキャンプ場のように、寝泊まりし、飲食する不潔な服装の男女たちであふれかえった。

驚いたのはオバマ大統領や政府当局の対応だった。占拠者たちが公共の施設に侵入したり、道路をブロックすれば、退去はさせるが、あとはすべて放置なのである。しかもオバマ氏はその違法の活動に理解を示す言葉をつぎつぎに述べるのだ。この「ウォール街を占拠せよ！」という組織自体がオバマ政権と通じているかのようだった。オバマ大統領がこの反ビジネスの実力示威に賛意を抱いていることは明らかだったのだ。

オバマ大統領のこうした一連の言動からは、ついに「オバマ氏は資本主義に反対するのか」という疑問までが提起されるようになった。

当初は当然ながら保守派や共和党から「オバマ氏は資本主義を排しようとしている」という批判が出た。ラジオの政治トーク番組で全米最大の聴取者数を誇る保守派の論客のラッシュ・リムボウ氏が大統領選が過熱する2012年5月末から「オバマ氏はアメリカ大統領選挙の長い歴史でも初めて資本主義反対のキャンペーンによって勝利を得ようとする候補者となった」と、独特の皮肉をこめて語るようになった。

まもなく共和党の有力候補だったロムニー氏も「オバマ氏は資本主義自体を攻撃していることは疑いがない」と述べるようになった。

イデオロギー戦争の始まり

いずれもオバマ大統領をなんとか打倒しようとする側の主張だから割り引く必要はあるだろう。だがそれにしても資本主義というのはアメリカ合衆国そのもののような経済のシステムであり、理念である。大統領がそのイデオロギーを否定しようとしているのだという批判は、単にキャンペーンの攻撃の修辞という部分を除いてもなお、深刻な重みがあったといえよう。

しかしそのうちに大手ニュース週刊誌の『タイム』までが「オバマ大統領は資本主義への嫌悪を隠そうとしない」という主旨の論文を載せた。同誌は保守には日ごろ批判的であり、民主党傾斜のメディアである。この論文の筆者は政治と経済のトレンドを専門に研究するイアン・ブレマー・コロンビア大学教授だった。その寄稿論文は「オバマ大統領は資本主義を排除こそしないが、守ろうともしない」とも論じていたのである。

資本主義とは、いわずもがな、生産手段の私有制度下で財の自由な供給と需要で価格が決まり、資本の自由な動きが利潤や価値を生む経済システムである。アメリカではとくに「アメリカン・ウェー・オブ・ライフ（アメリカ的な生き方）」という言葉に結びつけられるほどの基本的な自明の価値観とまでされてきた。

その基本の価値観に挑戦する大統領が出てくるとなれば、それに対する反発の激しさも当然である。もちろんオバマ氏の態度を支持するアメリカ国民も少なくない。深遠なイデオロギーの戦いがそこに起きることは不可避となる。だからこそいまのアメリカは激烈な分極へと向かっているのである。

第五章 分断アメリカはどこへ

保守とリベラルの間で揺れ動く

アメリカはどこへいくのか。

年来の「アメリカらしさ」をなくし、国内の分断を深めるアメリカ合衆国は、ではどうなるのか。唯一の超大国はどんな変容をとげていくのか。その帰趨が日本にどう影響するのか。

オバマ大統領の種々の異端も、アメリカの長い歴史のなかでは短期の変異だという見方もあるだろう。やがてはその非アメリカ的な施策も歴史の重みに正されて、薄れていってしまうという見解である。確かにアメリカの政治はこれまでも保守とリベラルの間で振り子のように揺れ動いてきた。

その一方、オバマ大統領の出現自体がアメリカの新しい大変化の潮流の幕開けだとする見方もある。政治の構造も人口の動態も、もう逆転はしない新たな方向への流れを示すというわけだ。オバマ氏はその不可避な変化の単なるメッセンジャーなのだという読み方もある。

だが、いずれにしてもこのアメリカの変化の日本への影響は重大である。日本は日米関係の新しい環境に備えるべきだろう。もしも日本が自国の安全保障をもはやアメリカの軍事力に頼れないとなれば、国家の存亡にかかわる重要な事態となる。戦後の国のあり方が根底から問われるのだ。

また日米同盟を重視はしないオバマ現象が短期であり、また「依存できる同盟パートナーの超大国アメリカ」が再現されるにしても、その間の過渡期こそが不安定の時代となる。尖閣諸島の奪取を狙う中国にしても、ミサイル攻撃の恫喝を続ける北朝鮮にしても、アメリカが必ずしも日本を守りはしないという見通しをツユほどでも読みとれば、日本への攻勢は一気に大胆になる。アメリカの政策がまた元に戻るにしても、その振り子の戻る変化の時期は、その防衛誓約はきわめて不安定にみえるだろう。日本に不当な要求を突きつける側にとっては好機となる。

いずれにしてもアメリカがこんごどんな道を進むのかは、まずは国内の変化の要因にかかってくる。第四章で詳述したような分裂や分断がこれからさらにどうなるか、である。アメリカの将来を占うカギとしての国内のその状況をさらに広げて眺めてみよう。

白人と黒人の断層が拡大

いまのアメリカ国内の分裂は人種という面でも目立つようになった。

バラク・オバマという歴史上初の黒人大統領の出現は一面、アメリカ国内の人種の融合のシンボルのようにも受けとられた。

かつては白人の奴隷であり、市民としての最低限の参政権さえ認められなかった黒人（アフリカ系国民）の子孫がついに大統領にまでなった事実は、アメリカ国民全体が最高指導者を選ぶうえでも、人種の違いをそれほど気にせず、指導者の個人の資質や能力を優先させるようになったからだ、とも思わせた。人種の差別や偏見の克服だともみなされた。

そのうえにオバマ氏自身が「白人のアメリカも、黒人のアメリカもない」と明言していた。だからオバマ政権下では人種の真の融合が進むだろうとも期待されていた。要するに人種のカベがずっと低くなったのだろうとみられたわけだ。

ところが現実は逆の方向に動いているようなのだ。国政の場では指導者への支持、不支持を人種という要素によって決める傾向が強くなってきたのである。まちがいなくオバマ政権下での現象だった。人種という面でもオバマ大統領が登場してからアメリカの内部の意見の対立はかえって激しくなったようなのである。

２０１２年11月の大統領選挙の票の流れをみよう。

ひとつの人種のうちの投票者のどれだけがオバマ大統領に票を投じたかの比率は以下だった。数字はいくつかの主要な世論調査機関やメディアの発表の総合である。

黒人　97％（前回２００８年は95％）

白人　39％（同43％）

ヒスパニック系　71％（同67％）

アジア系　73％（同47％）

以上の統計でまず目立つのは黒人の投票者のうち97％がオバマ候補に票を投じたという点だろう。この数字はもうほぼ全員だといえる。

黒人はそれでなくても伝統的に民主党支持者が圧倒的に多かった。だがそれでも２００８年の前回を除く大統領選挙では民主党と共和党、いずれも白人の候補が立てば、共和党の候補に票を投じる黒人も全体の10％以上、場合によっては20％近くも存在した。

だがオバマ政権になってから、黒人は黒人候補に投票、というのがほぼ自動的なパターンになってしまったのだ。そのプロセスではオバマ氏と政治的意見を異にする黒人政治家には黒人社会一般からものすごい非難が浴びせられるようになった。

たとえば、2012年の大統領選キャンペーンの初期、共和党側の候補としてハーマン・ケインという人物がハイライトを浴びた。黒人の実業家だった。政治面での見識もあり、保守主義を雄弁に説いた。だが黒人社会では裏切り者扱いとなった。このときの黒人の政治家や言論人からケイン氏に対して浴びせられる誹謗の言葉はひどかった。人格攻撃もいいところなのである。結局はケイン氏はずっと昔の「セクハラ疑惑」を広められて、立候補を撤回してしまった。

要するに黒人であれば、自動的に民主党、リベラルの支持でなければならないとする人種優先の風潮だった。この風潮は疑いなくオバマ政権下でことさら濃くなっていった。

この流れと表裏一体となって、白人男性層のオバマ離れが目立つようになった。そもそもオバマ大統領は2012年の再選では白人票のわずか39％しか得られなかった。前回の2008年では43％だったのだ。それ以前の大統領選挙では白人票というのは民主、共和両党の候補がそれほど違わない比率で獲得するという状態だった。オバマ大統領が明らかに白人と黒人の断層を広げてしまったのだ。

ヒスパニック系の投票の7割以上がオバマ陣営に流れる

アメリカでは周知のように、この白人、つまりヨーロッパ系の人種の相対数が減っている。1992年にはアメリカの有権者全体のうち白人が87%を占めていた。その20年後の2012年にはその比率が72%にまで下がってしまったのだ。白人がアメリカの最大多数派であることには変わりないが、その相対数は着実に減る一方なのだ。

しかし2012年の大統領選挙では白人全体の投票者のうち共和党のロムニー候補に投票したのは59%に達した。前回は共和党候補への投票は50%だったから、大幅な比率増である。逆にロムニー候補の得票全体のうち88%が白人票だったとされる。その得票は同じ白人でもとくに中年以上の男性からが圧倒的に多いという。

アメリカはそもそも白人国家だった。いまでも相対的にはそうだといえよう。だが白人の数もパワーも相対的には減少の一途をたどり始めた。その後退を速めているようにみえるのがオバマ大統領なのである。

その一方、だれが大統領であっても、近年のアメリカの人口動態をみれば、白人層の縮小、非白人層の拡大は自然な流れである。国政の内容がそれに合わせて変化していくことも自然だろう。だがその変化はオバマ政権の施策や態度によって明らかにより加速され、より先鋭にされているのだ。オバマ政権はなおアメリカという国家の主要な担い手である白人の中年男性が信じ、求める政策や価値観に背を向けているからである。

選挙での黒人以外の非白人層の役割も重大だった。いまのアメリカでは人口増の最も激しい人種はヒスパニック系である。ヒスパニック系とはスペイン語を話す中南米、ラテンアメリカ系の人たちを指すが、中南米からは違法合法でアメリカへの人口流入が絶えない。

そのヒスパニック対策は近年のどの政権にとっても切迫した課題となってきた。現在の違法滞在者の推定数は1200万、そのうち8割ほどが中南米からなのである。

違法に入国して、居住した人たちをどうするか。アメリカで生まれた違法滞在者たちの子供たちをどう扱うか。入国管理の抜け穴から派生するこの種の諸課題に対しての政策では、伝統的に民主党リベラル系がより寛大である。「弱者や貧者の救済」のリベラル路線からすれば、自然だろう。だがそのための財政負担をどうするか、違法行為をどうするか、となると、当然ながら「寛大」とか「救済」だけではすまなくなる。

しかし共和党にとっては選挙戦でヒスパニック系の投票の7割以上がオバマ陣営に流れたことはショックだった。アジア系の票のオバマ候補側にとっての倍増はさらに大きな流れのシンボルだともいえよう。「白人」対「非白人」という分裂の構造がきわめて明白にされてきたのである。

オバマを支持する若年層と低所得層

人種以外の断層の広がりも目立った。年齢もそのひとつだ。

２０１２年の大統領選挙の投票では18歳から30歳までの若年層はオバマ支持が60%、ロムニー支持が37%だった。大きな差である。逆に40歳以上ではロムニー支持が多くなる。65歳以上の高齢者層だと、オバマ支持が44%、ロムニー支持が56%だった。女性全体ではオバマ支持のほうが多いが、既婚女性となると、ロムニー支持がより多くなる。

政策面では無党派層のオバマ支持が減ったことがオバマ政権の4年間の評判を物語ったともいえる。２０１２年の選挙では無党派層の投票の45%がオバマ候補支持だった。ロムニー候補が49%と、上をいった。注目すべきなのはオバマ氏への投票が前回の２００８年には52%だったことだ。無党派層では4年の間にオバマ支持が7ポイントも減ったのである。党派性のない有権者の間での反オバマの潮流も決して軽視できないことの例証でもあろう。

所得の格差がそのまままっすぐ投票傾向に現れたことも2012年の選挙の特徴だった。オバマ大統領の高所得層嫌いはすでに詳しく述べたが、2012年の大統領選ではその区分がさらにはっきりと示された。低所得層は圧倒的にオバマ支持なのだ。

投票結果によると、年間所得3万ドル以下の層の63％はオバマ候補に票を投じた。年間所得が3万ドルから5万ドルまでの層の57％がオバマ候補に投票した。つまりはオバマ大統領は低所得層のヒーローなのだ。

年間所得が5万ドルから10万ドルという中間層になると、オバマ氏の得票は46％と、過半数を割る。逆にロムニー候補が53％を得票した。10万ドル以上ではロムニー候補は54％の票を得た。所得の水準とオバマ氏への支持の相関関係はあまりにもはっきりと証明されるのだ。

オバマ大統領は一期目に社会福祉の規模も拡大した。貧者や弱者の救済の広がりである。その救済プログラムのひとつに「フード・スタンプ」というのがある。簡単にいえば、低所得層への「食料品割引切符」である。一定の世帯が当局に対し、一定の基準より貧しいことを証明すれば、その割引切符が与えられる。この切符の受給者は2012年6月の時点でなんと、4600万人とされた。オバマ政権の発足時の2009年1月にはその数は

3600万人だったのだ。オバマ政権は福祉優先のまさに「大きな政府」なのである。

一方、ロムニー候補は選挙戦が終盤に向けて熱を高めた2012年5月、親密な支持者だけの集まりで次のような骨子の言葉を発した。

「どうせ私はアメリカ国民全体の47%を占める所得税を払わない層の支持を得ることはできません」

いかにも正確さに欠けた乱暴な発言としてひびいた。所得税を払わない人たちがそんなにいるのか。支持者に囲まれて、気を緩めたための失言だったのか。だがその場にいた記者に録音をとられて、報道されてしまった。

低所得層を見下したようなトーンのこの発言は批判され、選挙キャンペーンでは大きなマイナスとなった。ところが「アメリカ国民の47%が所得税を払わない」という表現もまったくのミスではないことが浮かびあがってきたのである。

アメリカ全世帯の40%を占める年間所得3万ドル以下の層は所得税率が10%ほどで、社会福祉上の保護による各種控除や源泉徴収のために、実際に税金を払う額がないに等しいケースがきわめて多いというのだ。だからロムニー氏の発言も決してデタラメではないということになった。だが同氏は低所得層の敵として改めて叩かれたのだった。

いまのアメリカでは所得の差が政治面ではこれほどの敵味方の構図を描いてしまうのである。

自由で平等な競争の結果の不平等まで是正!?

オバマ大統領の再選が決まった2012年11月7日、ラジオでは全米一の人気を集める保守派の論客ラッシュ・リムボウ氏が自分の政治トークショーのなかでさりげなく述べた。

「自分たちにとってのサンタクロースを打ちのめす人間はいないでしょう。今回の大統領選挙の結果はそういうことなのです」

つまりアメリカ国民の多くは自分たちに目にみえる恩恵や利得をもたらす社会福祉優先の「大きな政府」のオバマ大統領にそのプレゼント保存のために票を投じたという嫌みだった。「大きな政府」は富者、強者から富を収奪して、貧者、弱者への救済に回す。高所得層を罰する「富の再配分」による高福祉なのだ。そのサンタクロースからのプレゼントを願って、オバマ大統領の再選を支持した人たちが多い、というのである。

となると、政府にサンタクロースのようなその種の贈り物を期待せず、「自由競争」「自助努力」「民間活力」などという価値観を信じる層はどうしてもオバマ政策には反対になる結果となる。

こうした二つの異なる価値観の間では、「平等」という概念の意味も違ってくる。民主主義や市民社会の国家では当然、個人の平等という原則が必要不可欠の基盤となる。だが同じ平等といっても、「富の再配分」を重視するリベラル思考では、できるだけ多くの人間が活動の終着点で平等になることを求める。国民のそれぞれがやがてたどり着く生活の確定の時点では、貧富の差も少なく、みんなが同じような水準の平等を保つことが必要だとする。いわば結果の平等である。

一方、保守主義では同じ平等でも出発点での平等、そして機会の平等こそが重要だと説く。個々人が平等な地点から平等な条件でスタートしても、それ以後の競争のプロセスでは個人の努力や能力の差が出て優劣がつくのはしかたがない、とする。ゴールの地点で不平等な結果が出ても、自由な競争の結果としては自然だとする。

アメリカという国家の本来のあり方からすれば、後者の平等のほうがより自然ということになろう。しかしオバマ大統領は明らかにその「自由で平等な競争の結果の不平等」までも是正しようとする構えなのである。それに対してはいまのアメリカ社会の中心にいけばいくほど、激しい反対が起きるといえよう。やはり近年のアメリカを支えてきたのは、どうみても、こうした従来の「自由な競争」での「個人の能力や努力」で成功した層が主体だからである。

そうした反オバマの潮流の結集が「ティーパーティー」（茶会）だった。

「大きな政府」反対から生まれたティーパーティー

「茶会」とはオバマ政権の誕生の年2009年にアメリカで起きた反オバマの保守主義の草の根政治運動組織である。1770年代、イギリスの植民地だったアメリカ側がボストンで宗主国への反乱を起こし、イギリス商船が運んできた紅茶を大量に投棄したボストン・ティーパーティー事件からその名称をとった運動だった。

「茶会」はオバマ政権の「大きな政府」策に全面的に反対した。巨額な政府資金を景気刺激や自動車、金融などの大企業の救済に投入する政策を糾弾した。後述するオバマ政権の医療保険改革にとくに強く反対した。

この「茶会」は全米各地で共和党の保守派とも連携し、影響力を活発に広めた。メンバーはやはり白人の中高年齢層、所得面でも中流以上が多かった。多様な活動で気勢を上げ、2010年11月の中間選挙では保守派の連邦議員候補を強烈に支持した。その結果、上下両院の選挙で民主党側を大きく後退させ、オバマ政権に脅威を与えた。

「茶会」は2012年の大統領選挙でも共和党を応援して活発に動いた。オバマ再選後のいまもなお全米規模の強大な力を保っており、オバマ政権への対決を挑んでいく構えをみせている。アメリカ内部の分断が生んだ存在ともいえるのである。

医療保険制度改革をめぐって

オバマ大統領が一期目に内外のすべての政策のなかで最も多く精力と時間を注ぎこんだのは疑いなく、医療保険制度の改革法案の推進だった。この医療保険改革こそ、「大きな政府」策の集大成でもあった。

オバマ大統領は当初の任期4年の最初の1年以上の期間、この改革を他の内外の諸課題を棚上げにし、犠牲にしてまで、最優先させたのだった。この点にも超リベラル派としてのオバマ大統領の特質が遺憾なく発揮されたといえる。同時にこの医療保険改革もまたアメリカ国民の間で、文字どおり国論の二分といえるほどの分裂を引き起こしたのである。

このテーマは医療面で国民皆保険制度を有する日本側にとっては理解が容易ではない。日本では国民皆保険はないよりもあるほうがよいに決まっているという認識がふつうだからだ。だがアメリカでは「国民皆」という概念にまず反発が起きるのである。

アメリカには国民すべてを対象とする公的な医療保険制度というのはこれまで存在したことがない。ただし公的な医療保険がまったくないというわけでもない。65歳以上を対象とする「高齢者医療保険制度（メディケア）」と貧困層を対象とする「低所得者医療扶助制度（メディケイド）」が以前から存在してきた。

しかし一般国民向けの公的な医療保険はなく、個々人が勤務先の企業や官庁、労組などの保険制度に加入しなければならなかった。その種の私的な保険にも入れない無保険者がアメリカ全体で4600万人ほどいるとされてきた。

それでは国民皆保険制度を作ればよいではないか、というのが日本の発想だろう。アメリカでも過去何十年もの間に何度も公的な医療保険制度の創設が試みられてきた。だがそのたびに失敗した。一般国民の反対がいつも強かったからだ。このへんの実態はとくに日本の論理や認識では理解しにくい。

しかしアメリカの国民皆保険的な制度への抵抗は「個人の自由」とか「自助努力」など本来のアメリカらしさで説明すれば、わかりやすくなるだろう。自分の生命にかかわる医療を政府が管理するシステムに押しこめられるのは嫌だという反応である。だからいつの時代でも、世論調査では国民皆保険的な政府管理の全国一律の公的システム採用案に対しては国民の多数派は明確な「ノー」を表明してきたのだ。

長く険しい戦いとなった「オバマケア」

1993年はじめにスタートした民主党ビル・クリントン政権でもヒラリー夫人が先頭に立って、医療保険改革を推進しようとしたことがある。公的保険制度の導入案だった。だがこの計画も国民や議会の猛反対にあって、すぐに崩れてしまった。

こうした背景のなかでオバマ氏は2008年の最初の大統領選挙では、国民皆保険へと向かうための医療保険改革を公約として打ち出した。国民全体としてはなお反対が多数派を占めたが、大統領に就任したオバマ氏はホワイトハウス入りして2カ月後の2009年3月ごろから本格的な努力を始めた。「オバマケア」と呼ばれるようになったこの医療保険の公的拡大を法案にして議会にかけ、上下両院の同意をとりつけ、実際の法律にするという試みだった。

オバマ大統領のその後のオバマケア法制化への努力の集中はものすごかった。その他の国内案件、外交課題、テロ対策など、すべてを二の次、三の次に回して、医療保険改革に取り組むという感じだった。

この点ではオバマ大統領の信念の強さは賞賛されてしかるべきだろう。公約として発表した最大の政策案を断固として実現に移そうとしたわけだ。しかも反対の声がごうごうと渦巻いていることを覚悟のうえで、だった。医療保険改革は「大きな政府」策の集大成であり、シンボルだった。しかし貧しい層、弱い層の福祉を優先するという施策だった。超リベラル派のオバマ氏の真骨頂の発揮だったともいえよう。

オバマケアの法案は文書を文字どおり山のように積まねばならない分量だった。全文をきちんと精読した人はまずいない、ともいわれた。だがその最重要点は「新たな公的医療保険制度の創設はみおくるが、低所得者医療扶助制度（メディケイド）の拡大や減税措置など公的支援の増強で保険加入者を約３２００万人増やすことを目標とする」という骨子だった。公的制度の新設を先送りにするというのは、やはり反対があまりに強いとみたからだろう。

この法案は医療保険への大規模な公的支援の２０１４年からの実施を目指し、国民のだれもがなんらかの医療保険に入ることを義務づけていた。少なくともその加入率を当面は全米で94％までにすることをうたっていた。経費としては以後の10年間に９４００億ドルを予定していた。その財源は高所得層への増税や高齢者医療保険制度（メディケア）への公費削減にするとしていた。

まもなく法案が議会に提出された。議会は上下両院とも与党の民主党が多数を占めていたが、それでもこの法案への反対は強かった。野党の共和党は文字どおり、全員が一致して反対を表明した。民主党議員にも反対者がかなりいたのだ。

反対の主張としては「国民が自由に選ぶべき医療を政府が管理するのはおかしい」「政府支出がまた膨大に増す」という主旨が代表的だった。民間産業界からも「公的な性格の医療保険制度ができれば、企業の負担が増大する」という懸念も述べられた。そのために新たな雇用を差し控える企業も出てきた。その傾向が失業率を高めることともなる。

オバマ政権は与党の民主党議員のなかで法案に反対するメンバーたちの個別の切り崩しにまでかかった。アメリカ議会では日本のような個別の議員の投票に対する党議拘束がないため、与党議員でも与党の行政府の提案に反対できるのだ。

オバマ政権による法案推進の努力は２００９年の３月から始まり、その年の12月にはどうにか上院の可決を得た。長く険しい戦いだった。２０１０年冒頭からの下院での審議の見通しはさらに厳しかった。いざ投票となれば、与党の民主党議員でも反対に回る人たちが多数、出ることが予測された。各メディアやオバマ政権自身の票読みでも、可決の見通しは立たなかった。どうみても法案通過の展望がみえなかったのだ。

医療保険改革もアメリカの分断を深める

そこでまたオバマ政権は下院議員に対する強烈な働きかけのロビー工作を展開した。大統領自身までが乗り出して、個々の議員への文字どおり、脅したり、すかしたりの揺さぶりだった。法案に賛成票を投じないなら次の選挙では強力な対抗馬を同じ選挙区に立てるぞ、というような旧式の威嚇までが伝えられた。民主党と共和党との対決ではなく、オバマ政権と議会全体の対決に近いところまでオバマ陣営への支持は一時は少なくなっていた。より正確には、国民皆保険的な施策へのアメリカ国民広範な層の反対と、オバマ大統領のその強引な推進とがぶつかりあったということだろう。

しかしとにもかくにも医療保険改革法案は2010年3月21日、連邦議会の下院で可決された。賛成219対反対212という僅差だった。しかも下院全体では当時、民主党議員が多数派を占めていたが、そのうち34人が反対票を投じていた。

この表決に先立ち、オバマ大統領は議会工作を熱心に展開し、ずっと以前から予定していたオーストラリア、インドネシアへの訪問を二度も延期していた。オーストラリアは太平洋地域での重要な同盟パートナー、インドネシアはオバマ氏が少年時代に生活した国で、最近は親米傾向をみせていた。

医療保険改革法案はまもなくオバマ大統領の署名を得て、法律となった。この間、共和党は終始一貫して反対だった。まったくの妥協の余地のないほどの強い反対に徹し、法律ができてもその破棄を求めていた。一般国民もどの世論調査でも多数派が54％とか65％という圧倒的な数字で反対を示した。

同じ年2010年11月の中間選挙では与党の民主党側が大きく後退し、共和党はとくに連邦議会の下院で議席を大幅に増やし、多数党となってしまった。オバマケア効果が明らかに民主党への逆風として機能していた。オバマ政権の「大きな政府」策の過剰への国民多数派からの「ノー」だとも解釈された。

2012年の大統領選挙でも共和党候補たちはすべて「オバマケアの破棄」を公約とした。オバマ大統領の側は選挙キャンペーン中にオバマケアを語ることがほとんどなかった。一期目4年間の最大の実績だったはずなのに、まったくその成果を誇示しないのだ。その理由はどうみても一般国民の間でのオバマケアの不人気だった。

医療保険改革はその意図は高尚だとしても、疑いなくアメリカの分断を深めたのである。

民主党びいきの大手メディア

アメリカ国内の分断は複雑な形でマスコミによっても深められた。アメリカでは新聞やテレビ、さらには雑誌という主要メディアの政治上の党派性がきわめて強いのだ。この事実はアメリカ内部での広範なオバマ批判が日本にまっすぐに伝わってこないことの原因ともなっている。

「どの大統領選挙でも共和党候補は民主党候補と大手メディアという二つの敵と戦わなければなりません。今回の選挙戦での大手メディアのオバマ氏支持はとくに激しいのです」

2012年の大統領選挙中に共和党のラインス・プリーバス全国委員長が何度も口にした言葉だった。この指摘は単に政敵同士の攻撃や泣き言ではない。政界でもマスコミ界でもなかば公然と認められた事実だといえる。アメリカのメディアの民主党びいきはそれほどあらわな現象なのだ。

この場合の「大手メディア」とは新聞でならニューヨーク・タイムズ、ワシントン・ポスト、ボストン・グローブ、テレビならCBS、NBC、ABCの三大ネットワーク、それにケーブルテレビのCNNである。雑誌もタイムにニューズウィークの両誌となる。アメリカ最大のニュース通信社APも民主党傾斜だといえる。

逆に新聞ではウォールストリート・ジャーナル、テレビではFOXが明らかに保守主義支持、共和党傾斜である。だが比率でいえば、民主党びいきの大手メディアの発行部数、読者数、視聴者数のほうがずっと大規模となる。

伝統的にアメリカのマスコミ関係者、つまり記者、編集者などに民主党支持者や民主党員が圧倒的に多いことは事実として確認されている。ちなみにアメリカ社会で同様に民主党系、しかもリベラル傾斜が多いのは学界、教育界である。ハーバード大学などといえば、もう民主党の牙城なのだ。

私がワシントンで報道を始めて以来、この大手メディアの民主党傾斜の偏向はいやというほど体験してきた。いつの時点でもワシントンで活動する大手メディアのジャーナリストの調査をすると、全体の80%から90%が民主党支持だと判明する。すでに民主党員として登録した人、民主党政権に勤務した人、民主党候補に寄付をした人、民主党候補に投票してきた人などが圧倒的多数なのだ。共和党支持だというジャーナリストは10人に1人ぐらいだとさえいえるのである。

２００８年の大統領選で大手メディアに所属する人たちからオバマ陣営に贈られた寄付が合計２３５人分で32万ドル、共和党のマケイン陣営への寄付は20人で３１００ドルという調査結果が出た。金額の比だと民主・共和の支持比率は１００対１以下なのだった。ジャーナリストも国民としての政治参加の権利があり、いかなる政党、いかなる候補をも支持する自由があるだろう。だが記者や編集者たちの私見が一般国民向けの報道に露骨に反映されるかもしれないとなると、話は別となる。

大手メディアのジャーナリストの民主党vs共和党の支持の比率が10対1だとすれば、一般アメリカ国民の政治傾向とは断層のようなギャップがある。すでに述べたようにオバマ候補とロムニー候補の得票の比率は51％と47％だった。「あなたはリベラルですか、保守ですか」という問いには一般アメリカ国民は20％と40％などという比率の反応を示すのである。主要メディアでは大多数のリベラル派は一般国民の間では少数派なのだ。一般国民と大手メディアの大きな乖離なのである。

アメリカのメディアは大統領選挙戦でも連邦議員選でも、最終段階でそのメディア自体としての支持を発表する。「ニューヨーク・タイムズはオバマ候補を支持します」とはっきり公言するのだ。他の新聞も、雑誌もそうである。大手メディアは伝統的に大多数がいつも民主党候補への支持声明を打ち出す。社説としての意見や主張は自然だろう。だがニュース報道にも往々にしてこの「民主党びいき」が反映されてしまうのだ。この点を前述の共和党のプリーバス全国委員長が嘆いたのである。

確かに大手メディアは歴代の民主党大統領のなかでもとくにオバマ大統領への「ひいき」が激しいように映るのだ。

このメディアの傾向を体系的に調べて、研究する機関もいくつも存在する。そのうちのひとつ「メディア調査センター」が2012年11月の大統領選挙の直前に発表した結果がある。もっともこの機関は保守系であり、この調査報告も「大手メディアの多くが偏向報道によって左傾リベラルの政策を推奨している」という警告で結ばれていた。大手の新聞やテレビはオバマ大統領を再選させるために、対抗馬のロムニー候補の人間性や政策をことさら否定的に描いていると、抗議まで述べていた。

その具体的な実例として次のような指摘が示されていた。大手メディアは次のような偏向を示したというのだ。

▽ロムニー候補の企業家時代の実績の一部だけをとらえて「冷酷」と描く一方、オバマ

大統領の経済政策の失敗や太陽発電企業「ソランドラ」への不正融資をほとんど追及しない。
▽保守派の増税反対は赤字増大の原因として批判的に伝えるのに対し、リベラル的な増税が財政赤字を巨額にすることは批判しない。
▽共和党側のロムニー大統領候補、ライアン副大統領候補の小さな失言的な言葉は徹底して批判するのに対し、オバマ、バイデン正副大統領候補の同種の言葉は問題にしない。
▽リビアのベンガジでのアメリカ大使殺害が計画的なテロだったことをオバマ政権が当初、否定し続けたことはそれほど追及しない。
▽選挙戦での合計4回の正副大統領候補の討論会の司会記者たちがみな民主党寄りの経歴があり、討論でも民主党側に明らかに肩入れする発言が目立ったのに批判はしない。

以上のような指摘はその正確度を客観的に立証することはなかなか難しいだろう。「報道」や「報告」「発言」には多様な角度があり、そのどこから光を当てるかによって、全体のイメージは大きく変わってしまう。まして光を当てる当事者にまた特定の政治的立場があれば、なおさら正確な全体像の投射は困難になる。

しかしこのメディアの特定な傾斜を数量的に証明した研究もある。カリフォルニア大学政治学教授のティム・グロスクローズ氏が2012年に『左傾＝リベラル・メディアの偏向がいかにアメリカ国民の思考をゆがめるか』と題された自書で発表した研究結果である。

グロスクローズ教授はこの研究でメディアの政治傾斜を科学的、数量的にとらえることを試みた。約20の全米大手メディアを選び、その政治報道と選挙報道の内容を対象とした。個別の記事がそのなかで引用する研究機関や学者の政治傾向、ブッシュ前大統領が実施した減税をどう描写するかの肯定的、否定的な形容詞の使い方など多数の具体的な基準をもとに「偏向指数（SQ）」という測定数値を考え出した。

「偏向指数」は最も保守偏向がゼロ、最もリベラル偏向が100として、50を中道とした。その結果、ニューヨーク・タイムズが83、ワシントン・ポストが78、CBSテレビが86、ABCテレビが83などという指数が出たという。

グロスクローズ教授自身はリベラル派を自任しているが、この研究の結論としては「大手メディアには顕著なリベラル偏向がある」という判定を打ち出した。年来の多方面からの指摘を裏づける結論だった。これまた究極的にどこまで客観性や科学性があるかは疑いの余地が残るとはいえ、大手メディアの「オバマびいき」を証する調査だといえよう。

メディアから政府、そしてまたメディアへ

大手メディアの現役記者がいきなり民主党政権の高官に登用されるというケースもこれまで多数あった。

二期目のオバマ大統領の首席報道官ジェイ・カーニー氏は政権の誕生まではタイム誌のワシントン支局長だった。オバマ政権の登場とともに、ジョー・バイデン副大統領の報道官に登用され、さらに大統領報道官となった。だがつい最近まで彼はオバマ候補の選挙戦を大手メディアの記者として報道していたのだ。

ABCテレビの政治記者リンダ・ダグラス女史は2008年の大統領選挙の最中にオバマ選対の報道官に採用された。ニューヨーク・タイムズやロサンゼルス・タイムズのベテラン記者のダグラス・フランツ氏は2009年2月、当時の民主党上院議員だったジョン・ケリー氏（その後のオバマ政権の国務長官）に外交問題担当補佐官として招かれ、就任した。

ジャーナリズムから政治の世界へという転進は日本でもあるが、アメリカの民主党側の

場合、一度、政府に入ったジャーナリストたちがまたもとの大手メディアに記者として復帰する点が特徴である。前述のフランツ氏が2012年、ワシントン・ポストの国家安全保障問題の専門記者となったように、メディアから政府、そしてまたメディアというふうに回転ドアのような動きをみせるのだ。日本ではそのような復帰はまずないといえる。

ジャーナリストでありながら、個人の政治的な信条をはっきりと特定の政党や政権に重複させているのだから、客観報道が難しくなるのは自然だろう。現にオバマ大統領やオバマ政権に対する大手メディアの報道スタンスは共和党の言を借りるまでもなく、きわめて甘いのである。

この点、日本側にはアメリカのジャーナリズムに対する美しき誤解があるようだ。アメリカのジャーナリズムや記者といえば、権力を恐れず、真実を追って、迫力ある調査報道で大統領でも長老政治家でも仮借なく追いつめていく。スキャンダルを暴き、公務への責任を問う。こんなイメージがあるだろう。

このイメージはたぶんに1970年代のウォーターゲート事件の調査報道によって作られたといえよう。当時の共和党リチャード・ニクソン大統領がワシントン・ポストの調査報道によって不正関与を暴かれ、やがては辞任に追いこまれていくという展開だった。映画にもなった有名なケースである。

だがこの事件の報道も標的が共和党の大統領だったからこそメディアの側で勢いがついたといえる。現に歴代政権をみても、民主党大統領に対し大手メディアが執拗な調査報道を展開して、不正を暴くという事例はまずないのである。

国民に広がるメディア不信と反オバマ感情

さてこうした大手メディアの偏りは二重の意味でアメリカ国内の分裂を激しくするといえる。ひとつはいうまでもなく、共和党側、保守陣営からの反発の増幅である。民主党リベラル派と共和党保守派とのイデオロギーや政策での対立は当然としても、そこに本来、中立であるべきメディアが敵方に密着するように機能しているという認識は、保守派の反発をさらに激しくする。

もうひとつは大手メディアとアメリカ国民一般との政治的価値観の離反である。すでに述べたようにアメリカ国民の多数派は大手メディアより保守的である。大手メディアほどリベラルではないと特徴づけたほうが正確だろう。そうなると、国民の側に当然、メディア不信が広まり、オバマ政権への反対と相乗して、反オバマの態度をさらに感情的に高める効果を招くことになる。逆に、もし大手メディアがリベラルにも保守にも密着しない穏健な中立の報道姿勢を保てば、国民の間の対立を和らげることとなろう。

日本側でいまのオバマ大統領の過激といえるリベラル姿勢やそれに対する激しい反発があまり報じられないのは、日本のマスコミのアメリカ報道が米側の大手メディアに頼るところが大だからだろう。

私自身も経験があるが、日本のマスコミによるワシントンからのアメリカ政治の報道はニューヨーク・タイムズ、ワシントン・ポスト、CBS、CNNという大手メディアの報道や論評に依存することが多い。赴任してまもない体験の少ない日本人記者ほどその傾向が強くなる。その結果、オバマ大統領に批判的な報道や論評に触れることがきわめて少なくなるわけだ。アメリカの底流としてなお厳存する非オバマ、反オバマの政治動向をみすごしたり、軽視してしまうことが多いのだといえよう。

リベラリズムの強調で分断が深まる

さてアメリカ国内の対立や分断の現状をさらに範囲を広げて、いろいろ考察してきたが、これからのアメリカはどうなるのか。

オバマ大統領の任期は2017年1月までである。まだ3年半以上の年月がある。その期間、オバマ大統領が一期目よりももっと大胆に、直接に、さらに明確に、本来の理念であるリベラリズムを実行しようとすることは確実である。なにしろもう選挙の心配の必要がないのだ。選挙民や共和党側の反発を恐れる度あいはずっと減ったことになる。

その一方、オバマ氏の大統領としての自分自身の実績を歴史に残したいという願望も二期目には強くなるだろう。オバマ大統領は2013年1月20日の二期目の就任演説で同性愛者同士の結婚や地球温暖化対策、銃砲規制の強化など代表的なリベラリズムの主張を改めて前面に出し、熱をこめてこんごの優先的な目標としていくと、強調したのだった。リベラリズムの出発点に戻るという感じだった。

そうなると、この4年間に鮮明になった分裂や分断はなおその幅と深さを広めていくだろう。オバマ大統領ふうのリベラル志向によってこんごもアメリカのあり方をめぐる対立はますます顕著となるとみるのが順当である。

医療保険改革の実例でわかるように、オバマ大統領の「大きな政府」リベラル路線を推し進める熱意はなみなみではない。だが同時にそれに反対する「従来のアメリカらしさ」を保つ勢力の動きも強烈である。なにしろ医療保険改革案には議会の共和党議員はだれひとりの例外もなく、反対票を投じたほどなのだ。その基盤には一般有権者の意向がある。またオバマ大統領が必死になった高所得層への増税案に議会の共和党が最後まで同意しなかったことも、その反オバマ基調の激しさを物語っている。

こうみてくると、オバマ大統領の大改革もなお障害は多く、そのプロセスではアメリカ国民の分断や分裂がさらに深刻になるという展望が浮かんでくる。その結果のひとつはアメリカという国家の団結の揺らぎだろう。団結が弱まれば、国家としてのパワーも弱くなろう。

対外的にもその影響は避けられない。すでに詳述したように、オバマ大統領は対外的にパワーやリーダーシップをあえて強くは発揮しないという基本姿勢を好む。その姿勢と国内の分裂とが合わさって、超大国アメリカの世界での影響力はなおさら減っていくという見通しが広がるのである。

アメリカにとって対外と国内の政策が合流する領域のひとつにテロ対策があるが、2013年4月にボストンで起きた爆発テロはオバマ政権のそうした姿勢と国内の乱れの両方を反映する形となった。

ボストン・マラソンの終着点で2発の爆弾を破裂させ、無差別の大量殺戮を謀ったチェチェン出身の二人の若者はイスラム原理主義の信奉者だった。しかもロシアなどでイスラム過激派と接触していた。その背後には国際テロ組織のアルカーイダの影も広がる。

一方、オバマ政権はアルカーイダが首謀者の殺害によって組織全体をもうすっかり弱くしてしまったことを宣言してきた。オバマ政権は最近では「イスラム過激派のテロ」という用語の使用自体をことさら避けるようになっていた。だがその種のテロ活動はまだまだ後退していないことがボストンで立証されたのだ。

そのうえに外国籍の危険なテロリストが長年、アメリカ国内で生活し活動できたことも、オバマ政権の寛容な入国管理政策の欠陥の結果だという指摘も多い。アメリカにとっての国際テロの脅威は消えてはいないのである。その現実がオバマ政権の政策に跳ね返ってくることは当然である。

中東やアジアをみても、そのオバマ政権の取り組みがとにかく消極的になるという流れは詳述したとおりである。そうした取り組みへのアメリカ国内での反対がこんご高まることは確実だろうが、オバマ政権がその基本を変える兆しは当面うかがわれない。「アメリカの力による平和」は期待できない。

とくにアジアでの現状は日本にとっての警鐘を高くひびかせている。すでに述べたように、北朝鮮の軍事挑発に対してもオバマ政権はジョン・ケリー新国務長官の主導で、「とにかく話しあいを」という融和の対応に戻ってしまった。しかも中国にその仲介を請い願うという形なのだ。その動きには従来のアメリカなら当然の「核抑止」での対応という強固な姿勢はまったくみられない。

中国の大規模な軍拡、そして尖閣諸島への軍事的な挑発と侵入に対してもオバマ政権は「日米安保条約は尖閣に適用される」という以上には同盟パートナーらしい言はなにひとつ、述べていない。尖閣諸島の現状を軍事力で変え、日本の主権も施政権も否定しているのは中国なのである。だがその中国の軍事がらみの行動にオバマ政権からの非難はない。

中国との関係をまず重視するとも思える態度である。

オバマ政権は明らかに新しい概念での国際安全保障や同盟政策を進めようとしているのだといえよう。わが日本もその新しい流れから起こりうる最悪の事態をも想定し、危機に備える姿勢が欠かせないのである。

著者略歴

古森義久《こもりよしひさ》

産経新聞ワシントン駐在客員特派員。

1963年慶應義塾大学経済学部卒業後、ワシントン大学留学、毎日新聞社入社。72年から南ベトナムのサイゴン特派員、サイゴン支局長、ワシントン特派員、米国カーネギー財団国際平和研究所上級研究員、毎日新聞政治部編集委員などを経て、87年産経新聞社入社。ロンドン支局長、ワシントン支局長、中国総局長などを務め、ワシントン駐在編集特別委員兼論説委員を経て2013年から現職。10年より国際教養大学客員教授を兼務。『オバマ大統領と日本沈没』『憲法が日本を亡ぼす』『「無法」中国との戦い方』など著書多数。

幻冬舎新書 310

いつまでもアメリカが守ってくれると思うなよ

二〇一三年七月三十日　第一刷発行

著者　古森義久
発行人　見城 徹
編集人　志儀保博
発行所　株式会社 幻冬舎
〒一五一-〇〇五一 東京都渋谷区千駄ヶ谷四-九-七
電話 〇三-五四一一-六二一一(編集)
〇三-五四一一-六二二二(営業)
振替 〇〇一二〇-八-七六七六四三
ブックデザイン　鈴木成一デザイン室
印刷・製本所　中央精版印刷株式会社

検印廃止

Printed in Japan ISBN978-4-344-98311-3 C0295
こ-17-1
幻冬舎ホームページアドレス http://www.gentosha.co.jp/
*この本に関するご意見・ご感想をメールでお寄せいただく場合は、comment@gentosha.co.jp まで。

幻冬舎新書

手嶋龍一　佐藤優
インテリジェンス 武器なき戦争

経済大国日本は、インテリジェンス大国たる素質を秘めている。日本版NSC・国家安全保障会議の設立より、まず人材育成を目指せ…等、情報大国ニッポンの誕生に向けたインテリジェンス案内書。

福山隆　宮本一路
2013年、中国・北朝鮮・ロシアが攻めてくる
日本国防の崩壊

世界情勢が激変する中、日本を守っていたはずの「アメリカの傘」は既にない。目前に迫る亡国の危機。自衛隊幹部として最前線でミリタリー・インテリジェンスに関わった著者が緊急提言！

福山隆
防衛省と外務省
歪んだ二つのインテリジェンス組織

日本では、軍事情報はアメリカからまず外務省に入る。東アジアの緊張が高まる中、それでは緊急の危機に対応できない。今こそ、二つのインテリジェンス組織を正しく構築しなおすことが急務だ。

藤井厳喜
アングラマネー
タックスヘイブンから見た世界経済入門

租税回避地や影の銀行を使った、脱税や裏ビジネスの金をアングラマネーと呼ぶ。いま中央銀行やIMFも制御不能の闇資金の還流が世界経済を揺るがしている。その仕組みと各国最新事情を解説。

小浜逸郎
日本の七大思想家
丸山眞男／吉本隆明／時枝誠記／大森荘蔵／小林秀雄／和辻哲郎／福澤諭吉

第二次大戦敗戦をまたいで現われ、西洋近代とひとり格闘し、創造的思考に到達した七人の思想家。その足跡を検証し、日本発の文明的普遍性の可能性を探る。日本人の精神再建のための野心的論考。

安達誠司
ユーロの正体
通貨がわかれば、世界が読める

ユーロ破綻は不可避ともいわれているが、「ギリシャは離脱しないし、ユーロも解体しない」と著者。ドイツをはじめとする欧州はデフレ突入、ユーロ高になる可能性もわかる、経済予測の書。

石井光太
戦場の都市伝説

死体を食べて大きくなった巨大魚、白い服を着た不死身の自爆テロ男など、戦地で生まれた奇妙な噂話が妙に生々しいのはなぜか。都市伝説から人間の心の闇と戦争のリアルを解き明かす画期的な書。

渡辺将人
分裂するアメリカ

大統領選を前に、アメリカではティーパーティ運動や占拠デモなど、草の根運動が先鋭化している。根源にあるのは政治不信。人種や格差よりも理念の対立で分裂が深化する大国の今を、気鋭の学者が論考。

幻冬舎新書

渡辺将人

オバマのアメリカ

大統領選挙と超大国のゆくえ

なぜオバマだったのか。弱冠47歳ハワイ生まれのアフリカ系が、ベテランを押さえて大統領になった。選挙にこそ、アメリカの〈今〉が現れる。気鋭の若手研究者が浮き彫りにする超大国の内実。

石平

【中国版】サブプライム・ローンの恐怖

リーマン・ショック後に約48兆円の財政出動をし、壊滅的な先進国の輸出を支えた中国は、その副作用でまさにバブル崩壊寸前。中国が内包する矛盾だらけの経済の実態を暴く。

浅井宏純

アフリカ大陸一周ツアー

大型トラックバスで26カ国を行く

大型トラックバスで約10カ月。世界13カ国から集まった同乗者とともに、砂漠を縦断、ジャングルを抜け、サファリや世界遺産へ。貧しくとも、人々は明るくタフだった。命がけの冒険旅行記。

中村繁夫

レアメタル超入門

現代の山師が挑む魑魅魍魎の世界

タンタルやニオブなど埋蔵量が少ない、または取り出すのが難しい57のレアメタルをめぐって争奪戦が拡大中だ。レアメタル消費大国にして輸入大国の日本よ、今こそ動け。第一人者が緊急提言。

幻冬舎新書

福屋利信
ビートルズ都市論
リヴァプール、ハンブルグ、ロンドン、東京

音楽は経済及び歴史・文化から決定的な影響を受ける。社会生活、音楽活動の場として、ビートルズは都市からどんな影響を受け、与えたのか？　音楽社会学で読み解く「ビートルズ現象」の真実。

小澤裕美
爆笑！　エリート中国人

八百屋で果物をかじり「味がイマイチだ」と値切るエリートや「六甲の水」を真似て「六本木の水」として売る商人など、腹をよじりながらも中国人との付き合いのコツが身に付く希有な書。

鈴木伸元
新聞消滅大国アメリカ

アメリカで新聞が続々と消滅しているが、新聞がなくなると街は、国家は、世界はどうなるのか？　新聞が消えた街でネットから得られる地元情報はごくわずか。他人事ではない、日本人必読の書。

岸博幸
ネット帝国主義と日本の敗北
搾取されるカネと文化

ネットで進むアメリカ企業の帝国主義的拡大に、欧州各国では国家の威信をかけた抵抗が始まった。このままでは日本だけが搾取されてしまう。国益の観点から初めてあぶり出された危機的状況！

幻冬舎新書

小林よしのり[編]
日本を貶めた10人の売国政治家

ワースト3位＝小泉純一郎。ならば2位、そして1位は!?　国民の財産と生命をアメリカに売り渡し、弱者を切り捨てた売国奴。こんな日本になったのは、みんなこいつらのせいだ！　凶器の言葉を投げつけよ。

守誠
ユダヤ人とダイヤモンド

「ヴェニスの商人」の高利貸しで有名な彼らは疎まれたこの仕事へどう追いやられ、ダイヤモンド・ビジネスに参入し覇者となったか。度重なる迫害でダイヤモンドが離散民族をいかに助けたか。

津田倫男
M＆A世界最終戦争
日本企業の生き残り戦略

仕掛けなければ必ずやられる「日本vs世界」の仁義なき戦い。金融危機後、世界のM＆Aは正常に戻り、そして訪れた急激な円高。この十五年間をしのいだ日本企業に今、千載一遇のチャンスが。

東谷暁
世界と日本経済30のデタラメ

「日本はもっと構造改革を進めるべき」「不況対策に公共投資は効かない」「増税は必要ない」等、メディアで罷り通るデタラメを緻密なデータ分析で徹底論破。真実を知ることなくして日本の再生はない！